워런 버핏 투자 방식

3시간 만에 만화로 마스터할 수 있는 책
워런 버핏 투자 방식

구와바라 데루야 지음
베지코 만화 | **강모희** 옮김

KETTEI BAN BUFFETT NO TOSHI TETSUGAKU GA MANGA DE 3JIKANDE MASTER DEKIRU HON
© TERUYA KUWABARA 2024
Originally published in Japan in 2024 by ASUKA PUBLISHING INC., TOKYO.
Korean Characters translation rights arranged with ASUKA PUBLISHING INC., TOKYO,
through TOHAN CORPORATION, TOKYO and EntersKorea Co., Ltd., SEOUL.

이 책의 한국어판 저작권은 (주)엔터스코리아를 통해 저작권자와 독점 계약한 지상사에 있습니다.
저작권법에 의하여 한국 내에서 보호를 받는 저작물이므로 무단전재와 무단복제를 금합니다.

머리말

풍요롭고 행복한 인생을 보내려면

　예전에는 주식 투자라고 하면 자신과는 상관없는 남들 얘기라고 생각하는 사람이 많았지만, 최근 몇 년 들어 NISA(Nippon Individual Savings Account, 소액투자비과세제도, 일본 거주자가 면세 혜택을 받아 돈을 저축할 수 있도록 돕는 계좌로, 영국의 개인저축계좌가 모델)나 iDeCo(Individual Defined Contribution Plan, 개인형확정갹출연금, 일본의 확정기부연금법에 근거해 실시되고 있는 사적 연금 제도로, 자신이 납부한 연금을 스스로 운용하고 자산을 형성할 수 있음-역주)가 적극적으로 광고를 한 결과, '투자로 돈을 불린다'라는 생각을 하는 사람이 늘어나고 있다. 요컨대, 일부 사람들만 하던 주식 투자가 점차 일반에도 침투하기 시작한 것이다.

　하지만 주식 투자가 일상에 가까워질수록, 주식 시장의 동향에 일희일비하고 농락당하는 사람이 늘어나는 것 또한 사실이다.

　실제로도 주위의 추천으로 주식 투자를 시작했다가, 주가의 급락으로 인해 '내 돈이 점점 줄어들어 간다'라는 사실에 놀란 사람도 많을 것이다.

　이처럼 '투자에 관심은 있지만, 경험이 적은' 분이라면, 이 책에서 소개하는 '워런 버핏(Warren Buffett)'에 대해 모쪼록 알아두길 바란다. 버핏은 투자업계에서 '세계 최고의 투자자', '오마하의 현인(賢人)' 등으로 불리는 존재인데, 그 이유는 그가 11세가 되던 1941년에 처음으로 주식을 산 이후, 인생 대부분을 투자 활동에 임하면서 큰 손해를 본 적이 없으며 나이를 먹으면서 더욱 높은 평가를 받았기 때문이다.

　투자업계에는 유명한 투자자가 많지만, '현인'이라는 호칭을 받은 사람은 워런 버핏 이외에 없다. 물론 워런 버핏이 시작부터 '현인'이었던 것은 아니다.

　처음에는 미국 중서부에 있는 네브라스카(Nebraska)주의 오마하(Omaha)라는 시골에서 살면서 나름의 뛰어난 성과를 낸 투자자에 지나지 않았지만, 서서히 금융 업계에서 두각을 나타내기 시작했다.

그리고 워싱턴 포스트의 대주주, 골드만 삭스의 임시회장직을 거쳐, 2000년대에 들어서는 2003년 캘리포니아 주지사 선거에 출마한 할리우드 배우 출신의 아놀드 슈워제네거의 재무 고문을 맡고, 빌 앤 멜린다 게이츠 재단에 거액의 기부를 하는 등, 명성을 드높였다.

명성이 올라갈수록, 그만큼 워런 버핏에 대한 관심도 높아지기 마련이다.
오마하에서 매년 개최되는 버크셔 해서웨이의 주주총회에는 워런 버핏의 이야기를 듣기 위해 전 세계로부터 많은 주주가 참가한다. 또한, 워런 버핏이 뭔가 적거나 말하면, 투자자와 금융 관계자뿐만 아니라 많은 대중이 이를 주목한다.
이토록 많은 사람이 워런 버핏에게 관심을 보이는 이유는 무엇일까?

워런 버핏의 언동 대부분은 오랜 기간에 걸친 투자 활동을 통해 체득한 것이다.
그렇다고 해서 그 말이 투자 활동에 종사하는 사람에게만 통한다고 볼 수는 없다. 워런 버핏의 말은 투자하는 사람에게 도움이 되는 교훈이 들어있을 뿐만 아니라, 아마존과 구글 창업자가 위기를 극복하고 경영을 이끌어 가는데도 큰 버팀목이 되었다. 그리고 젊은 학생들에게도 '앞으로의 인생을 어떻게 살아갈지'에 대한 지침이 된다.
그래서 전 세계의 많은 사람이 워런 버핏의 말을 경청하는 것이다.

워런 버핏의 말을 통해 투자에 대한 가치관이나 올바른 금전 관념을 배울 수 있고, 그의 행동은 우리가 어떻게 살아가야 하는지에 대해 버팀목이 되어준다. 결과적으로 금전적, 사회적 성공뿐만 아니라, 정신적으로도 더욱 풍요로운 인생을 보낼 수 있게 될 것이다.

지금이라는 험난한 시대를 살아가기 위해서는 올바른 금융 문해력을 익혀서, '돈이 일하도록' 만들어야 한다. 한편, 돈을 잘 다루려면, '좋은 습관'을 몸에 들이고 인간적으로 성실하게 살아가는 것 또한 중요하다.

　이를 위해서, 세계적으로 손꼽히는 부자이면서 대중으로부터 '현인'이라 추앙받는 워런 버핏의 삶과 사고방식은 참고가 될 만하다. 이 책이 여러분이 풍요롭고 행복한 인생을 보내기 위한 '성공의 경전'으로 여겨질 수 있다면 내게는 더할 나위 없는 행복이다.

　이 책의 기획과 편집을 위해 애써주신 아스카출판사의 타케우치 히로카 씨에게 감사드린다.

경제 저널리스트
구와바라 데루야

머리말 풍요롭고 행복한 인생을 보내려면_5

서장 '오마하의 현인' 워런 버핏의 삶

01 성공하려면 '선두에서 앞장서야' 한다_16
02 쓸 돈은 들어올 돈보다 적게_18
03 '부자'가 되려는 목적을 명확히 한다_20
04 돈이 돈을 낳는 '복리'를 활용한다_22
05 감정에 좌우되지 말고 '원칙'을 지켜라_24
06 '내 안에 있는 차트'를 믿는다_26

워런 버핏의 명언①_28

제1장 장기적인 관점을 기르는 방법

07 장기적인 관점에서 기업 자체에 투자한다_30
08 주식이 항상 정확한 가치를 보여주는 것은 아니다_32
09 주식을 매도하는 이유는 3가지뿐이다_34
10 하루하루의 주가에 휘둘리지 않는다_36
11 증권회사의 업무 방식을 과신하지 않는다_38
12 투자는 가치를 소유하게 된다는 것_40
13 브랜드 파워와 경쟁력도 눈여겨보자_42

3시간 만에 만화로 마스터할 수 있는 책
워런 버핏 투자 방식

14 과거보다 미래의 성장 가능성을 살펴라 _ 44
15 10년 후에도 살아남는 상품이 될지 생각한다 _ 46
16 어떤 경영자가 와도 성장할 수 있는 기업을 선택한다 _ 48
17 사랑받는 제품을 만들어내는 기업은 강하다 _ 50
18 우량한 기업의 주식을 영구적으로 보유한다 _ 52

워런 버핏의 명언② _ 54

제2장 손해를 막는 선택법

19 납득할 때까지 철저하게 기업을 조사하라 _ 56
20 주가와 가치의 괴리가 클 때가 매입할 타이밍 _ 58
21 투자 종목을 엄선한다 _ 60
22 빚은 순자산의 4분의 1까지만 _ 62
23 기업이 제시하는 숫자가 항상 옳은 것은 아니다 _ 64
24 '뛰어난 사업성'은 리스크를 줄인다 _ 66
25 변화하는 기업 정보를 점검한다 _ 68
26 '무지와 채무'는 리스크로 이어진다 _ 70
27 '능력 범위' 밖이라면 투자하지 않는다 _ 72
28 투자 기회를 놓쳤다고 해서 실패한 것은 아니다 _ 74
29 나라와 문화 또한 투자를 위한 지식이 될 수 있다 _ 76
30 우수한 기업을 적당한 가격에 사들인다 _ 78

31 10년 후에도 경쟁력을 유지할 회사에 투자한다 _80
32 뛰어난 경영자가 만드는 제품에 투자한다 _82
33 리스크를 줄여서 확실한 이익을 챙긴다 _84
34 실패의 이유를 설명할 수 있어야 한다 _86
워런 버핏의 명언③ _88

제3장 스스로 생각하는 습관을 들인다

35 투자 시에는 직접 생각하고 확신을 가져야 한다 _90
36 투자에 대해 아무도 대신 책임을 지지 않는다 _92
37 섣불리 주위와 같은 결정을 내리지 않는다 _94
38 전문가의 의견에 지나치게 의존하지 말자 _96
39 '예측'하지 말고 '기업의 장기적 가치'를 파악한다 _98
40 정보만 믿으면 판단을 그르친다 _100
41 주위의 평판을 곧이곧대로 믿지 않는다 _102
42 돈을 벌 기회는 두뇌에서 나온다 _104
43 '수파리(守破離)' 사고는 투자에도 통한다 _106
44 자신에게 '좋은 기업'을 찾는다 _108
45 스스로 낸 결론에 대해 자신감을 갖자 _110
워런 버핏의 명언④ _112

제4장 타이밍이 중요하다

46 기회가 올 때까지 느긋하게 기다린다_114
47 내실 있는 결단을 내리자_116
48 아이디어가 있을 때만 행동한다_118
49 '매도 시점'은 스스로 생각한다_120
50 평소에도 업계 지식을 공부한다_122
51 절호의 '타이밍'에 투자한다_124
52 원칙을 충실히 지키면 실적은 오른다_126
53 경제 위기 속에서도 기회는 온다_128
54 투자 여력이 있으면 기회를 잡을 수 있다_130
55 관심 있는 기업을 계속하여 주시한다_132
56 시장의 판단은 나와 무관하다_134

워런 버핏의 명언⑤_136

제5장 시장을 대하는 관점

57 주위가 움츠러드는 하락세가 기회_138
58 '무슨 일'이 벌어졌는지 주목한다_140
59 일확천금으로 직결되는 소문이란 없다_142
60 시장은 말도 안 되는 가격을 확인하는 장소_144
61 징조 없는 위기에 대비한다_146
62 인간의 심리가 투자에 영향을 미친다_148
63 자신의 실력을 과신하지 말자_150

64 어떤 상황에서도 시장에서 냉정함을 유지한다_152
65 인터넷과 AI를 잘 이해한다_154
66 실제로 투자를 하면서 시장과 정면으로 마주한다_156
워런 버핏의 명언⑥_158

제6장 인간적이고 바람직한 습관을 들인다

67 좋은 습관은 성공을 위한 큰 힘이 된다_160
68 자신의 두뇌와 육체를 소중히 여긴다_162
69 1일 1시간을 자신에게 쓴다_164
70 일상생활에서부터 '능력 범위'를 준수한다_166
71 중요하지 않은 것은 'No'라고 거절한다_168
72 자신에게 정직히 살자_170
73 커뮤니케이션은 최강의 무기_172
74 '탐욕'은 손해를 부른다_174
75 지식보다 인내와 냉정함이 중요하다_176
워런 버핏의 명언⑦_178

제7장 다른 사람과 어울리는 법

76 나만의 우상을 갖자_180
77 자기보다 뛰어난 사람을 가까이 한다_182
78 존경할 만한 사람과의 업무는 즐겁다_184

79 우수한 사람을 고용하여 일을 맡긴다_186
80 나이를 불문하고 뛰어난 사람과 일한다_188
81 사람들과의 유대를 중시한다_190
82 싸움을 위한 싸움을 하지 않는다_192
83 인생의 성공은 '사랑'으로 잴 수 있다_194
워런 버핏의 명언⑧_196

제8장 보다 행복한 인생을 보내기 위한 철학

84 오랫동안 부자로 사는 법_198
85 성공할만한 가치가 있는 인물이 된다_200
86 주위 환경에 감사한다_202
87 절약 정신을 중시한다_204
88 돈은 사회로부터 잠시 맡아둔 것_206
89 1%의 행운아로 살아간다_208
90 신뢰는 돈 이상으로 소중하다_210

맺음말 자신의 가치를 높이려는 노력을 거듭하여 풍요로운 인생을 보내자_212
부록① 워런 버핏 투자 방식 - 포인트_217
부록② 워런 버핏의 인생_225
참고문헌_230

※인물명의 경칭은 생략하고 있습니다.
※이 책은 특정 종목, 거래를 권장하는 것은 아닙니다. 저자·출판사는 이 책의 정보에 의한 주식 투자의 결과에 책임을 지지 않습니다. 주식 투자는 손실 위험을 수반합니다. 실제 투자는 자신의 판단과 책임으로 해주시기 바랍니다.

서장

'오마하의 현인'
워런 버핏의 삶

01 성공하려면 '선두에서 앞장서야' 한다
어린 시절부터 비즈니스에 관여하면서 '돈을 늘리는' 토대를 다지다

비즈니스를 시작한 것은 6세 때

오늘날 '투자의 신'으로 추앙받는 워런 버핏은 1930년 8월 30일에 태어났다. 현재 95세이지만 (2025년 10월 시점), 놀랍게도 비즈니스 경력은 89년에 이른다.

워런 버핏이 6세 때, 온 가족이 아이오와주에 있는 오코보지(Okoboji)의 호숫가 신장에서 휴가를 보낸 적이 있다. 그는 콜라 6병을 25센트에 매입하여, 이를 개당 5센트로 팔아서 6개 합하여 30센트의 매출을 내며 처음으로 자그마한 비즈니스를 시작했다. 휴가를 마치고 고향인 오마하에 돌아와서는 할아버지의 잡화점에서 매입한 소다 및 껌을 들고 집집마다 돌면서 팔았던 적도 있다.

그러나 워런 버핏이 곤궁한 생활을 한 것은 아니다. 대공황 직후에 아버지인 하워드가 실직하고 새로 설립한 증권회사에서 고생하면서 고객을 개척하긴 했지만, 버핏이 6세 되던 무렵에는 가정의 경제 상태가 상당히 호전되었다.

워런 버핏은 '돈을 좋아하는 것' 이상으로, 자신의 작은 비즈니스를 통해 '돈이 늘어나는 것'을 보는 것이 즐거운 소년이었다.

눈을 굴리듯 자산을 불려 갔다

그 이후로 경마장에서 결과 예상 잡지를 발행하거나 골프장에서 버려지고 유실된 골프공을 모아서 팔거나, 어린이 50명을 모아 신문 배달을 시키는 등의 일을 했다. 이런 식으로 일찌감치 모은 자금이 워런 버핏의 '스노볼(Snowball)'이 되었다.

"나는 상당히 젊었을 적부터 작은 스노볼을 굴리기 시작했다. 10년 늦게 시작했다면 지금쯤에는 여전히 산자락의 매우 낮은 곳에 있었을 것이다"라는 말에서도 알 수 있듯이, 워런 버핏은 투자뿐만 아니라 무엇에서든 성공을 위해서는 언제나 '선두에서 앞서가는' 것이 중요하다고 생각한 것이다.

하루라도 빨리 시작하는 것이 성공으로 가는 열쇠이다.

02 쓸 돈은 들어올 돈보다 적게
대대로 이어져 온 절약 정신을 소중히 여기다

주식 투자만으로 막대한 자산을 축적하다

　세상에는 상상할 수 없을 만큼의 재산을 가진 부자가 많지만, 2024년 현재 개인 투자로 재산이 1,000억 달러를 넘긴 대부호는 전 세계에 15명 정도이다. 그중 한 명이 워런 버핏이며, 그가 다른 부자들과 다른 점은 '주식 투자만으로' 자산을 축적했다는 점이다.

　전 세계적으로 유명한 투자자가 더러 있어도, 주식 투자만으로 이만큼의 성공을 이룩한 인물은 없다. 그래서 '세계 최고의 투자자'로 일컬어지는 것이며, 더 놀라운 것은 투자를 위한 자본금 또한 스스로 벌었다는 점이다.

　"막대한 재산을 남긴 버핏 가문의 사람은 한 명도 없을지 모르지만, 아무것도 남기지 않은 사람 또한 없다. 번 돈을 탕진하지 않고, 항상 일부를 저축하면서 꾸려나갔던 것이다."

남에게 의지하지 않으며, 곤궁하지 않은 생활을 해야 한다

　최근 '부모 찬스'라는 말이 있듯이, 부모님이 유복하거나 높은 지위에 있는 것이 성공의 조건이라고 생각하는 사람이 많다. 그러나 워런 버핏은 '부모님이 지적인 분들이라 좋은 학교에 갈 수 있었다'라는 부분에는 감사했으나, '부모님으로부터 재산을 물려받지 않았고, 받고 싶지도 않았다'라면서 부모의 재력에 의지하지 않았고, '만약 부모님이 부자였다면'이라고 바라지도 않았다.

　워런 버핏이 유산 대신 부모로부터 물려받은 것이 '쓸 돈은 들어올 돈보다 적게'라는 절약 정신이다. 물론 그것만으로 세계 굴지의 부자가 될 수는 없으나, 적어도 돈이 궁하지 않은 생활을 보낼 수는 있다.

투자를 하려면 직접 번 돈으로 임해야 한다.

03 '부자'가 되려는 목적을 명확히 한다
자립하여 매일 자신이 하고 싶은 것을 한다

자립하면 자신이 하고 싶은 것을 할 수 있다

'부자가 되고 싶다'라고 바라는 사람은 많지만, 그 이유는 각기 다르다. '파이어(FIRE, Financial Independence Retire Early)'는 경제적 자립과 조기 퇴직을 목표로 하지만, 그중에는 '부자의 생활을 즐기는' 사람 또한 있다. '세상을 구하기' 위해 막대한 사비를 들여 스페이스 X 등을 창업한 일론 머스크는 돈벌이를 위해 악마로 변하지 않으려면 '돈을 어디에 쓸지에 대해 그 목적을 확실히 하는 것이' 중요하다고 말했다.

워런 버핏은 어린 시절부터 부자가 되길 염원하여 작은 비즈니스와 투자를 시작했지만, 그 이유는 '자립'이었다. 그는 이렇게 말했다.

"그것(작은 비즈니스와 투자)을 통해 자립할 수 있다. 자신의 인생에서 하고 싶은 것이 가능해진다. 그리고 자신을 위해 일하는 것이 가장 좋다. 다른 사람에게 지시받고 싶지 않다. 매일매일 자기가 하고 싶은 것을 하는 것이 중요하다고 생각했다."

돈은 최종적으로 사회에 환원한다

워런 버핏은 때때로 학생들에게 이런 질문을 던졌다.
"돈을 위해서만 일을 하고 싶지는 않죠?"
"싫어하는 일은 하고 싶지 않잖아요?"
"매일 아침, 집을 나설 때 두근두근하고 싶죠?"
이러한 질문에 워런 버핏의 인생관이 나타난다.

워런 버핏은 '돈벌이'에 온 힘을 다하지만, 그렇게 번 돈을 자신을 위해 쓰는 일에는 큰 관심이 없으며, 돈을 유일한 목적으로 삼지도 않는다. 그리고 돈은 자립하여 좋아하는 일을 하는 데 필요한 것이며, 최종적으로는 '사회에 환원하는 것'이 워런 버핏의 인생관이다.

04 돈이 돈을 낳는 '복리'를 활용한다
단 1달러도 잘만 운용하면 10배 이상으로 만들 수 있다

돈이 돈을 낳는다

워런 버핏은 10세 때 《1,000달러를 버는 1,000가지 방법》(F.C. 미네이커, 국내 제목-백만장자가 되는 1,000가지 비밀)을 읽고 큰 감명을 받았다. 그중, '행운을 기다리지 말고 스스로 움직여야 한다'라는 부분과 '복리에 대한 사고방식' 부분의 영향을 받았다고 한다. 복리란 '이자에 붙는 이자'로 다음과 같이 계산한다.

'가령 1,000달러로 시작하여 연 10% 이자라고 한다면, 5년 만에 1,600달러 이상이 된다. 그리고 10년이 지나면 2,600달러 정도로 불어난다. 25년이 지나면 18,000달러를 넘는다.'

이 계산처럼, 처음에는 큰 금액이 아니더라도 복리로는 세월이 지날수록 큰 금액이 되는 것이다.

워런 버핏은 '복리'를 활용하면 눈덩이를 굴려서 크게 만들 듯이 **돈이 돈을 낳아**, 10년, 20년 후에는 커다란 돈더미가 될 것이라는 사실을 깨닫고, '35세가 될 때까지 백만장자가 되겠다'는 목표를 실현하기로 마음먹었다. 오늘 가진 1달러를 잘 운용하면 몇 년 후에는 10달러, 20달러가 된다는 것이 워런 버핏의 복리식 사고방식이다.

그리고 복리는 '운용의 가치'를 가르쳐주며 동시에 '절약의 의미'도 되새겨주었다.

복리식 사고방식을 철저히 준수하다

'머리 깎는데 정말로 30만 달러나 쓰고 싶나?'라는 워런 버핏의 유명한 말이 있다. 한 번 머리 깎는 데 '30만 달러'나 들지는 않으나, 티끌 모아 태산 되듯 10년, 20년, 30년 넘게 운용하다 보면 30만 달러에 이를 정도의 거금이 되기 때문이다. '복리식 사고방식'을 철저히 지킨 것이 워런 버핏의 성공 비결이다.

05 감정에 좌우되지 말고 '원칙'을 지켜라
경마로 배운 '손해를 내지 않는다' '규칙을 잊지 않는다'라는 원칙

'규칙'을 지키는 것이 중요함을 배우다

워런 버핏의 훌륭한 점은 '한 번 정한 규칙은 무슨 일이 있어도 지킨다'는 것이다. 여기에는 유년 시절의 뼈아픈 경험이 담겨있다.

버핏은 어렸을 때부터 작은 사업을 하고 있었는데, 16세 무렵에는 경마장에서 '마구간 관리자 선정 말'이라는 경마 예상 잡지를 직접 만들어 판매하였으며, 경마 예상에 관한 수백 권의 책과 몇 개월 분량의 과거 예상 잡지를 탐독하여 '우승마를 맞추는 능력'을 갈고 닦았다.

이후 워런 버핏의 투자 수법과도 일맥상통하는 방식인데, 이러한 경험을 통해 워런 버핏은 '경마장의 원칙'을 발견하였다. 그것은 '1. 경주 한 번만 보고 가는 사람은 없다, 2. 손해 볼 것이 뻔한 경주에는 안 걸어도 된다'라는 두 가지 원칙이다. 동시에 '제대로 된 분석 없이 돈을 거는 사람들이 많은 집단에 들어갈수록 더 좋다'는 것도 깨달았다.

원칙을 잊어서 실패로 끝난 경주

지금까지의 배움을 통해 예상 능력도 향상되었을 터인데, 어느 날 버핏은 혼자 경마장에 가서 돈을 걸고 제1경주에서 예상이 틀려 냉정함을 잃고 결국 큰 손해를 내고 말았다. 이때 워런 버핏은 '손해 볼 것이 뻔한 경주에는 안 걸어도 된다'라는 원칙을 잊고, 한 번 실패한 경주에서 손실을 만회하려 한 것이다.

투자에서 실패하는 이유는 '감정'과 '욕망'이다. 이런 경험을 한 후, 워런 버핏은 '손해를 내지 않는다', '규칙을 잊지 않는다'라는 원칙을 충실히 지키게 되었다.

06 '내 안에 있는 차트'를 믿는다
다른 사람의 의견에 좌우되지 말고 자신이 생각하는 대로 나아간다

'가격'이 아니라 '가치'를 중시한다

워런 버핏의 투자 특징은 유행하는 이론이나 전문가의 의견 등을 개의치 않고 독자적인 방식으로 월스트리트의 평균 이상으로 성공을 거둔 데 있다. 그 점으로 인해 때로는 비판을 받기도 한다.

미국이 거품 경제로 들끓던 1960년대 후반을 '고고 시대(Go-Go Years)'라 하는데, 이때 다양한 펀드가 단기적인 매매를 통해 수익을 창출한 바 있다. 프레드 카(Fred Carr)로 대표되는 유명 펀드매니저들이 제록스나 IBM 등의 테크기업 주식을 다루면서 연간 100% 이상의 수익을 달성한 것이다.

한편, 워런 버핏은 그런 영역에는 손을 대지 않고, 어디까지나 '가격'이 아닌 '가치'를 중시한 투자를 이어나갔다. 다른 사람들이 열광하던 인기 종목에 휘둘리지 않은 것이다.

마침내 1969년 이후 거품이 꺼지면서 프레드 카는 폐업의 위기에 직면하였으며, 현금화하지 못한 주식 더미만 남게 되었다. 반면에 워런 버핏은 '세계 최고의 투자자'로 가는 계단을 차근차근 오르고 있었다.

끝까지 자신을 믿은 버핏

그로부터 20여 년이 지난 1990년대 후반, 미국은 IT붐이 일기 시작하였으나 이때도 워런 버핏은 그런 주식에는 눈조차 돌리지 않고 자신이 믿는 길을 나아갔다.

오래 지나지 않아 거품은 다시 꺼지고, 모든 이들은 입을 모아 '역시 워런이 하는 말에 귀를 기울여야 해'하며 그의 위대함을 인정했다. '겉으로 보이는 차트'를 신경 쓰지 않고, '내 안에 있는 차트'를 믿는 것이 바로 워런 버핏의 '세계 최고의 투자자'적인 면모라 할 수 있겠다.

워런 버핏의 명언 ①

딱 좋은 상태의 눈이 있으면, 스노볼은 반드시 커지기 마련이다. 내 경우가 그랬다. 돈을 복리로 불리는 것만을 뜻하는 게 아니다. 이 세상에 대해 이해하고 어떤 친구들을 사귈지에 대해서도 마찬가지이다.

제1장

•

장기적인 관점을 기르는 방법

07 장기적인 관점에서 기업 자체에 투자한다
단기적인 가격 변동은 신경 쓰지 않는다

매일매일의 주가 변동에 신경 쓰지 말자

워런 버핏의 투자 방식 중 하나는 '장기 보유'이다.

주식 매매를 하는 사람들은 매일의 주가 변동을 가장 많이 신경 쓴다. 하루가 아니라 시간, 분, 초 단위로 주가의 움직임을 체크하고, '언제 팔면 될지', '언제 사면 돈을 벌지'에 대해 빠르게 판단하는 것이 투자에서 성공하는 유일한 방법이라고 생각하는 것이다. 하지만 워런 버핏은 이러한 하루하루의 주가 변동에 전혀 관심을 보이지 않았다.

그는 이렇게 말했다.

"오늘 혹은 내일, 다음 달에 주가가 오르든 말든, 나는 전혀 신경 쓰지 않는다."

또한, 이런 이야기를 한 적도 있다.

"주식을 산 다음 날에 시장이 폐쇄되어 앞으로 5년 동안 거래하지 못하는 상황이 벌어져도 나는 전혀 상관하지 않는다."

주가의 변동을 신경 쓰지 않을뿐더러, 주식 거래가 금지되어도 괜찮다는 말은 무슨 뜻일까.

그 이유는 ①단기가 아닌 장기적 관점에서 파악한다, ②주식이 아니라 사업 그 자체에 투자한다는 방침을 지키고 있기 때문이다.

장기적으로 성장할 수 있는 기업에 투자

워런 버핏에게 주식 투자란 단순히 '주식'을 매입하는 것이 아니라 '사업 일부를 소유하는' 것을 뜻한다.

사업의 성장은 단기적으로 보지 말고, 보다 장기적인 관점에서 봐야 한다. 워런 버핏에게 투자할 만한 기업이란 순간적으로 피었다가 지는 회사가 아니라 장기적으로 성장하는 기업이다.

주식을 장기 보유하면서 기업의 성장을 장기적인 관점에서 지켜보자.

08 주식이 항상 정확한 가치를 보여주는 것은 아니다
시장은 단기적으로는 수량 합계이지만, 장기적으로는 중량 합계

주가를 지나치게 믿지 말자

워런 버핏에게 '장기적 관점'의 중요함을 알려준 건 그의 스승인 벤저민 그레이엄(Benjamin Graham, 1894~1976)이다. 그레이엄은 버핏에게 ①투자란 사업 일부를 소유하는 것, ②안전마진을 중시해야 한다는 것을 가르쳐주었다. 그리고 또 하나 중요한 가르침은 '주식 시장은 단기적으로 수량 합계이지만, 장기적으로는 중량 합계'라는 것이다. 시장을 정확히 표현하고자 할 때 버핏이 자주 이를 소개하다 보니 유명한 말이 되었다.

요즘은 시가총액(주가×발행 주식 수)을 중시하고, 시가총액이 높은 기업을 우량 기업이라고 평가하는 경향이 있다.

물론 주가가 높으면 시장이 그 기업을 그만큼 좋게 평가한다는 뜻이지만, **'주가가 항상 그 기업의 가치를 정확히 반영하는 것은 아니므로'** 이를 주의해야 한다.

2000년 들어 IT 거품이 꺼지면서, 당시 선두 기업이던 아마존 또한 1년도 채 되지 않아 주가가 1/10 이하로 떨어지는 등, 혹독한 세례를 받은 바 있다.

주가의 변동에 일희일비하지 말자

당시 아마존의 주주와 임직원 또한 동요하였으나 창업자인 제프 베이조스(Jeff Bezos)는 '단기적으로는 수량 합계, 장기적으로는 중량 합계'라는 말을 인용하면서 주가의 변동에 일희일비하지 말고 자신들이 해야 할 일을 수행하며 서비스를 충실하게 만드는 것에 전념할 것을 당부했다. 그 결과 아마존은 거대 기업으로 성장할 수 있었다.

이처럼 주가와 기업 가치가 정확히 일치하는 경우는 드물며, 대체로 괴리가 발생하기 마련이다. 가치에 비해 주가가 낮은 경우도 있고, 이례적으로 높을 때도 있다. 워런 버핏은 변덕스러운 '수량 합계'가 아니라 '중량 합계'에만 집중하여 살폈다.

주가가 언제나 기업의 가치를 정확히 반영하는 것은 아니다.

09 주식을 매도하는 이유는 3가지뿐이다
10년 동안 보유할 수 있는 우량 기업의 주식을 산다

매매를 반복하기보다 계속 보유할 수 있어야 한다

지금까지 보아왔듯이, 워런 버핏의 투자에 대한 관점은 주가 변동 등에 개의치 않고 진정으로 우량한 기업에 투자하여 이를 되도록 오래 보유하는 것이다.

그 이유 중 하나로 정말 우량한 기업 자체가 많지 않으므로, 만약 아메리칸 익스프레스나 코카콜라 같은 기업의 주식을 매입했다면 시세 차익을 노리고 매매를 거듭하기보다 계속 갖고 있는 편이 이득이라는 것이다.

우수한 기업의 주식을 장기간 보유하면 좋다는 것을 워런 버핏에게 가르쳐준 사람은 또 한 명의 스승인 필립 피셔(Philip Fisher, 1907~2004)이다.

필립 피셔에 따르면 주식을 매도하는 이유는 ①투자 대상을 선택하는 시점에서의 판단이 잘못되었다. ②당시에는 우량 기업이었으나 시간이 지나면서 초반의 반짝이던 기세를 잃었다. ③훨씬 유망한 기대주로 환승한다 등, 세 가지뿐이다.

장기 보유를 전제로 매입한다

필립 피셔 또한 성장이 기대되는 주식을 몇십 년씩 보유했지만, 버핏은 '영원'이라 할 정도로 장기간 보유할 것을 전제로 매입한다.

그는 이렇게 말했다.

"10년간 기꺼이 보유하겠다는 마음이 없다면, 그 주식을 살지 말지에 대해 10분도 고민할 필요가 없다."

10년이라고 하면 너무 길다고 놀랄지도 모르지만, 버크셔 해서웨이가 투자한 주식을 살펴보면, 코카콜라와 아메리칸 익스프레스 등은 30년 이상, 가이코(GEICO)와 시즈 캔디(See's CANDIES)는 약 50년에 달한다.

여기에 성공 비결이 있는 것이다.

10 하루하루의 주가에 휘둘리지 않는다
주가의 하락에 비관적인 생각이 든다면 애초에 투자하지 마라

까다로운 존재에 휘둘리지 말자

주식 투자를 이제 막 시작한 사람은 자신이 산 주식의 가격이 계속 신경 쓰이기 때문에, 빈번히 차트를 살피기 마련이다. 오르면 기쁘지만 떨어지면 불안해지고 **마치 '이 세상의 종말'이 찾아온 것처럼 비관적인 생각이 든다. 하지만 그럴 바엔 애초에 투자를 하지 말라**는 것이 워런 버핏의 생각이다.

투자업계에는 벤저민 그레이엄이 만들어 낸 개념인 '미스터 마켓(Mr. Market)'이라는 까탈스러운 존재가 있다. 미스터 마켓은 매일매일 빠짐없이 회사를 매매하는 가격을 알려준다. 매우 친절한 존재이긴 하나, 때로는 기업의 좋은 면만 보고 매우 높은 가격을 붙일 때가 있으며, 반대로 기업의 어두운 전망만 보고 매우 낮은 가격을 붙일 때도 있다.

여유를 갖고 주가의 변동을 살피자

미스터 마켓에게 휘둘리면 큰 실패를 하게 된다는 것이 워런 버핏의 생각이다. 사실 버핏은 11세 때 처음 주식을 사면서 누나인 도리스를 파트너로 삼았는데, 누나가 마치 미스터 마켓처럼 주가가 조금만 떨어지면 질책을 했기 때문에, 주식이 올라서 약간의 이익을 낼 만한 상황이 되자마자 매각했다. 그러나 이후에 그 회사의 주식이 크게 올라서, 워런 버핏은 큰 이익을 낼 수 있었던 기회를 잃은 셈이 되었다.

주가는 매일 변동하지만, 장기적으로 보면 종국에는 투자한 기업의 진짜 가치에 근접하게 된다. 하루하루의 주가 변동에 혹하지 말고, 생활에 지장이 나지 않는 범위 내에서 투자를 해야 할 것이다.

주가가 하락할 때마다 비관에 빠진다면, 투자에 적합한 성격이 아니다.

11 증권회사의 업무 방식을 과신하지 않는다
'시장성'과 '유동성'이라는 말의 위험성을 이해해야 한다

자신이 좋다고 생각한 주식을 고객에게 추천한다

워런 버핏의 투자 원칙은 스승인 벤저민 그레이엄과 필립 피셔의 가르침에 자신의 경험을 더해 완성한 것이다.

대학을 졸업한 후, 워런 버핏은 그레이엄의 회사에서 일하길 원했지만 유태인이 아니라는 이유로 입사 허가를 받지 못하고 그 대신에 아버지의 회사인 버핏 포크(Buffett, Falk&Co.)에 입사하였다. 업무는 주식 브로커였다.

주식 브로커는 주식 매매로 수수료를 버는 것이 주요 업무이나, 워런 버핏은 당시 푹 빠져있던 가이코(GEICO)의 주식을 고객에게 추천하면서, "20년간 팔지 말고 계속 갖고 계시는 게 가장 좋습니다"라고 조언했다. 이는 큰 모순이다.

버핏은 자신이 마치 약사가 된 듯한 기분이 들었다면서, 다음과 같은 고민을 털어놓았다. "약을 판매한 양만큼 보수를 받는다. 약에 따라 보수가 더 많이 들어오는 것도 있다. 그런데 판매하는 약의 양에 따라 보수가 정해지는 의사에게 가고 싶어 하는 환자가 있을까."

증권회사의 업무 방식에 주의하자

워런 버핏은 '시장성'과 '유동성'이라는 용어를 활용하여 매매 회전율이 높은 종목을 추천하는 증권회사의 업무 방식에 대해 이렇게 말했다.

"노름판의 주인이 좋아한다고 해서 그것이 손님에게도 좋은 것은 아니라는 사실을 투자자는 이해해야 한다. 당신의 지갑을 두툼하게 만들지 못하는 사람일수록 더욱 확신을 갖고 당신에게 뭔가를 불어넣으려 할 것이다."

다소 혹독한 비판이긴 하나, 그 말에는 당시의 주식 브로커로서의 쓰디쓴 경험이 담겨있다고 할 수 있다.

투자의 세계에는 수많은 전문가가 있지만, '나에게 정말 좋은 것이 무엇인지'를 기준으로 삼아 이야기를 들어야 할 것이다.

증권회사와 고객의 이익이 반드시 일치한다고 볼 수 없다.

12 투자는 가치를 소유하게 된다는 것
장기간에 걸쳐 얼마만큼의 가치를 손에 넣는지가 중요

주식을 산다는 것은 가치를 사는 것과 같다

주식 투자를 할 때는 종잇조각을 사는 게 아니라 기업을 소유한다는 생각으로 투자에 임해야 한다는 점을 명심해야 한다. 그리고 이때는 '가격'이 아니라 '가치'를 반드시 살펴야 한다. 워런 버핏에 따르면 '가격'은 뭔가를 살 때 지불하는 것이지만, '가치'란 뭔가를 살 때 내 손 안에 들어오는 것으로, 장기간에 걸쳐 얼마만큼의 가치를 손에 넣었는가가 중요하다.

자산 이외의 가치를 소홀히 여겨 실패

워런 버핏은 14세 때, 1,200달러를 주고 오마하의 농장을 매입했는데, 이에 대해 아래와 같이 말했다.

"오마하의 농장을 사려고 날마다 가격을 확인하는 사람은 없을 것이다. 구매가에 비해 얼마만큼의 생산을 거둘 수 있을지 생각할 것이다."

이처럼 거둘 수 있는 '가치'야말로 가장 중요하다고 할 수 있다.

그러나 버핏조차도 20대 때 친구와 함께 매입한 주유소 사업에서 큰 실패를 경험한 적이 있다. 매입가는 적당했지만, 바로 옆에 경쟁사 주유소가 있었고 그 실력을 과소평가한 탓에 매출과 고객을 모두 빼앗겼고, 어쩔 수 없이 매각하면서 2,000달러의 손실을 입었다.

워런 버핏은 주유소의 가격은 확인했어도 경쟁사가 지닌 신용과 고객층이라는 자산 이외의 가치를 경시하여 기대한 만큼의 결과를 얻지 못한 것이다.

처음부터 '단기로 치고 빠지면서 매도할 목적'이었다면 생산량이나 가치에 연연하지 않아도 되겠지만, 그게 아니라면 '가격'이 아니라 '가치'를 중시해야 할 것이다.

'가격'에 눈이 혹한 나머지 정작 중요한 '가치'를 놓치지 않도록 주의해야 한다.

가격이 아니라 가치를 중시해야 한다.

13 브랜드 파워와 경쟁력도 눈여겨보자
기업의 강점은 겉으로 드러난 숫자만으로 헤아릴 수 없다

투자는 숫자만 보면 실패한다

주식 투자를 할 때는 숫자를 보는 능력 또한 필요하지만, 그것만이 능사는 아니다.

워런 버핏도 처음에는 자료를 보고 소위 '담배꽁초 주식'이라 하는 극단적으로 가격이 싼 기업을 찾는 데 혈안이 되었으나, 어느 시기를 지나면서 토지나 공장 등의 자산이 별로 없더라도 브랜드 파워와 경쟁력이 있는 기업에 투자하게 되었다.

그 계기가 된 것이 가이코(GEICO)로, 당시에 전화 영업을 통해 자동차 보험을 싸게 판매하는 회사였다. 학생 시절, 그레이엄이 이 회사의 주식을 대량으로 매각한 소식을 듣고 흥미를 갖게 된 버핏은 본사를 방문하여 부사장으로부터 이야기를 듣고, 이 사업은 분명 성공하리라 확신했다. 그는 그레이엄의 판단을 무시하고, 가진 자금의 4분의 3을 투자하였다.

눈에 보이지 않는 자산도 찾아볼 것

가이코 이외에도 버핏은 아메리칸 익스프레스가 자회사의 불상사로 인해 주가가 폭락했을 때, 오마하의 레스토랑과 가게를 오랫동안 차근히 확인한 다음, 아메리칸 익스프레스의 신용 자체는 떨어지지 않았다고 확신하였다. 그리고 앞으로도 강한 브랜드 파워를 유지하며 성장하리라 예상하여, 이 회사에 대한 적극적인 투자를 집행하였다.

워런 버핏은 이렇게 말했다.

"그레이엄은 결산서의 숫자만 보고 있었지만, 나는 장부에 기록되지 않은 자산과 눈에 보이지 않는 자산을 찾아냈다."

기업의 강함은 눈에 보이는 자산뿐 아니라, 브랜드 파워 등의 눈에 보이지 않는 자산으로 결정된다.

워런 버핏은 이를 간파하여 장기적인 성장 가능성을 실감한 것이다.

눈에 보이지 않는 자산을 발견하고 장기적인 성장 가능성을 실감한다.

14 과거보다 미래의 성장 가능성을 살펴라
다양한 변화에 잘 대응하는 것이 기업의 가치

미래의 성장 가능성을 파악한다

기업의 진정한 가치를 알기 위해서는 과거의 숫자가 아니라 미래의 성장 가능성을 파악해야 하는데, 이를 제대로 하지 않는 투자자도 많다. 워런 버핏에 따르면, 연금 기금의 운용을 담당하는 펀드 매니저들은 과거의 기록을 기반으로 투자 여부를 판단하지만, 이는 '백미러를 보면서 운전하는 것과 같다'고 했다.

여기서 말하는 운전은 '앞으로 나아가는' 것을 뜻한다. 워런 버핏은 모두가 우수한 투자법의 핵심이라고 믿는 재무 통계 분석이 과거의 동향을 보고 가격 대비 저평가된 주식을 찾는 데는 도움이 되지만, 기업에 가장 중요한 '미래의 성장 가능성'을 가르쳐 주지는 않는다고 생각했다.

변화에 잘 대응하는 기업을 선택한다

과거에 이익을 많이 낸 좋은 기업이라 할지라도, 변화에 잘 대응하지 못하면 의미가 없다. 워런 버핏은 1989년에 US 에어웨이즈(US Airways, 미국의 항공사로, 2015년 아메리칸 항공과 통합)의 주식을 3억 5,800만 달러분 매입하였다. 오랜 기간 고수익을 기록했다는 것이 그 이유였지만, 사실 이는 규제 덕분이었다. 규제가 완화된 이후, 고비용이 발목을 잡으면서 '이런 투자를 하다니, 너무 멍청한 짓이었어'라면서 친구가 격노할 정도의 실패를 맛보았다.

워런 버핏은 '과거의 실적이 아무리 훌륭해도, 변화에 적응하지 못했다면 파멸이 기다릴 뿐'이라는 교훈을 얻었다.

'기업의 가치'는 '과거의 가치'가 아니라, 변화에 유연히 대응하면서 '앞으로 얼마만큼의 가치를 창출하는가'에 있다.

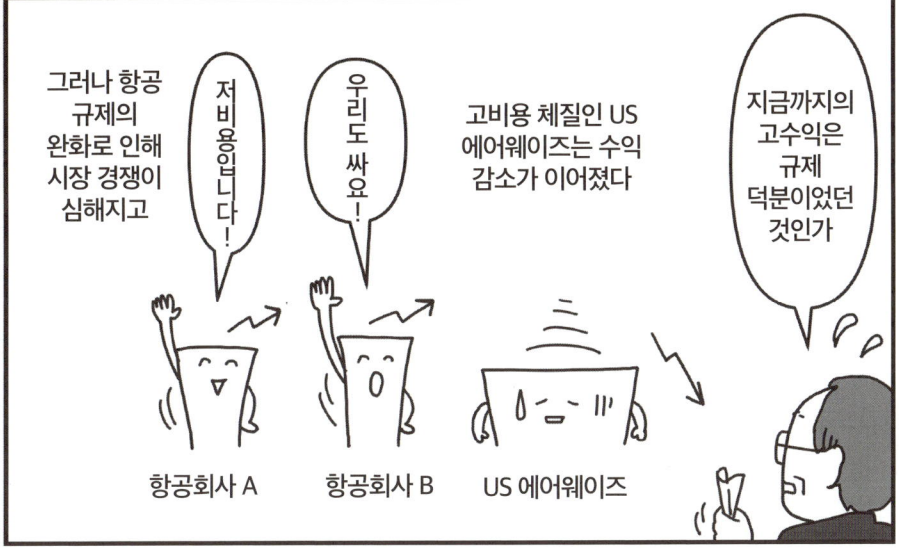

얼마만큼 변화에 잘 대응하는지가 기업의 가치를 결정한다.

15 10년 후에도 살아남는 상품이 될지 생각한다
현재의 주가보다 10년 후까지 버틸 만한 상품인지 생각하는 것이 좋다

상품 그 자체에 대해 숙고한다

주식 투자를 고려할 때, 사람들 대부분은 주가의 변동과 시장 트렌드만 보는 데 반해, 워런 버핏은 '상품 그 자체가 장기간 생존할 수 있을지를 먼저 판단해야 한다. 그 종목을 살지 말지 고민하는 것보다 훨씬 결실이 크다고 생각하지 않는가'라고 반문하였다.

버크셔 해서웨이의 투자한 사례 중에서 1, 2위를 다투는 것은 애플과 코카콜라지만, 이런 기업에 투자하는데 확신을 들게 만든 것은 틀림없이 시즈 캔디즈(See's CANDIES)일 것이다.

1971년, 워런 버핏은 시즈 캔디즈가 시장에 매물로 나와 있는 것을 보고, 캘리포니아주 내에서도 매우 훌륭한 편에 속하는 회사라고 평가하였다. 그는 당시 자산 가치 500만 달러로 평가받던 회사를 2,500만 달러에 사들였다.

처음에는 '비싸다'라고 느꼈으나, 자산 이외의 브랜드 파워와 명성, 고객층, 우수한 사원과 경영자라는 보이지 않는 가치를 가졌다고 판단하여 인수를 결심했다. 그리고 성과는 압도적이었다.

성공 체험이 다음 성공으로 이어진다

2019년에 열린 버크셔 해서웨이의 주주총회에서 워런 버핏은 '2,500만 달러를 투자하여 20억 달러의 세전 이익을 냈다'라며 시즈 캔디즈의 기여도를 칭찬하였다. 그리고 이 성공 체험이 바로 120억 달러의 이익을 안겨 준 코카콜라에 대한 투자로 이어졌다고 말했다.

워런 버핏은 아래와 같이 덧붙였다.

"데이리 퀸(Dairy Queen)의 아이스 캔디가 10년 후에 살아남을 확률은 다른 모든 애플리케이션 소프트웨어가 살아남을 확률보다 높다."

주가보다 상품이 가진 가치와 수명을 따져보자.

16 어떤 경영자가 와도 성장할 수 있는 기업을 선택한다
브랜드 파워와 장기적 경쟁력만 있다면 성장을 계속할 수 있다

성장의 대표적인 사례 - 코카콜라

버핏의 투자 전략을 연구할 때 가장 이해하기 쉬운 사례가 바로 코카콜라이다.

기본적으로 장기 보유를 전제로 투자하는 워런 버핏인데, 코카콜라에 처음 투자한 것이 1988년이니 36년 넘게 이를 보유한 것이다. 그리고 언제나 버크셔 해서웨이의 보유 종목 중 상위에 군림하고 있다.

워런 버핏에 따르면, 코카콜라가 주식을 공개한 1919년에 40달러로 매입한 사람이 배당금을 전부 재투자했다면 1982년에 그 가치는 180만 달러에 이를 것이라 했다. 마찬가지로 1977년에 1,000만 원으로 매입하고 배당금을 전부 재투자했다면 2021년에는 20억 원을 넘는 가치가 된다니 놀랄 따름이다.

그야말로 강력한 브랜드 파워와 장기간에 걸친 성장의 모범 사례라 할 수 있는 기업이다. 이를 두고 워런 버핏은 빌 게이츠의 말을 빌려, "코카콜라는 햄 샌드위치가 사장이 되어도 경영을 할 수 있을 것이다"라고 평했다. 기업이란 존재가 언제나 완벽하진 않으며 때로는 무능한 경영자가 나타나 큰 실수를 할 수도 있지만, 그래도 다시금 성장하는 것이 코카콜라의 강점이라는 것이다.

우량 기업은 어리석은 사람도 경영할 수 있다

'주식을 살 거라면, 멍청한 사람이라도 경영을 맡길 수 있는 우량 기업의 주식으로 하라'는 것이 워런 버핏의 지론이다.

아무리 뛰어난 경영자라 할지라도 경쟁력이 없는 사업을 재건하는 것은 매우 어려운 데 반해, 강력한 브랜드 파워와 장기적인 경쟁력을 갖춘 사업이라면 이따금 아둔한 경영자가 나타나도 버틸 수 있다는 것이다.

코카콜라의 주가 추이는 현재 완만한 편이지만, 장기적 안목으로 보면 압도적인 성과를 올리고 있는 초우량주라 할 수 있다.

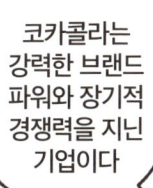

17 사랑받는 제품을 만들어내는 기업은 강하다

기업이 가진 가치뿐만 아니라 사람들의 평가에도 관심을 갖자

'No. 2 거인' 애플

워런 버핏은 오랫동안 테크기업이나 IT 관련 회사에 대한 투자를 집행하지 않았으나, 2016년에 약 10억 달러를 들여 애플의 주식을 매입했다. 때로는 매도하기도 하고 다시 사들일 때도 있으나, 현재 버크셔 해서웨이가 보유한 약 3,900억 달러의 포트폴리오 중 4할 이상을 차지하고 있다. 워런 버핏은 애플에 대해 버크셔 해서웨이의 보험 사업의 뒤를 이은 '제2의 거인'이라고 할 정도이다.

워런 버핏이 애플에 투자한 이유는 무엇일까?

다음과 같은 전설적인 이야기가 있다.

2016년, 버크셔 해서웨이의 이사였던 데이비드 거츠먼(David Gottesman)이 택시를 탔다가 주머니에 넣었던 아이폰을 깜빡 두고 내려 분실한 후, 동료인 테드 웨슬러(Ted Weschler)에게 "내 영혼의 일부를 잃은 것 같아"라고 말했다. 이를 들은 버핏은 연로한 데이비드 거츠먼이 아이폰에 집착하고 있다는 사실에 놀라, 애플에 대해 알아보기 시작했다고 한다.

사람들에게 사랑받는 제품인가?

그 후, 워런 버핏은 투자액을 늘리기도 하고 일부 매각하기도 하였으나, 투자를 처음 집행한 2016년부터 2025년 6월 사이에 애플의 주가는 700% 이상 뛰었으며, 막대한 이익을 가져다주었다. 워런 버핏이 애플에 투자한 이유 중 하나는 적극적으로 자사주를 매입하고 주주 배당을 충실히 한다는 점이었고, 또 한 가지 이유는 높은 브랜드 파워와 생활필수품을 만들고 있다는 점이었다.

장기적 관점에서 기업을 볼 때는 그 상품이 사람들에게 필요한지, 사랑받고 있는지 여부를 살펴야 할 것이다.

장기적인 관점에서 기업을 살필 때는 다른 사람들의 평가도 참고해야 한다.

18 우량한 기업의 주식을 영구적으로 보유한다
단기적인 매매는 반복하지 않는다

싸게 사서 비싸게 팔자는 생각은 버린다

워런 버핏은 자신의 투자 원칙에 대해 아래와 같이 딱 잘라 말했다.

"주식 투자는 단순 명쾌하다. 성실하고 유능한 경영진이 이끄는 뛰어난 기업을 발굴하여, 그 내재 가치보다 싼 가격으로 주식을 매입한다. 그리고 영구적으로 보유하면 된다."

워런 버핏의 은사인 벤저민 그레이엄 또한 이렇게 말한 바 있다.

"투자자는 1년 정도는 아무런 생각을 하지 말고 일단 갖고 있어야 한다."

이처럼 단기간에 매매하기보다 되도록 장기간 보유할 것을 권하였다. 그러나 버핏은 이 점에 있어서는 그레이엄보다, 또 한 명의 은사인 필립 피셔의 가치관을 계승하였다.

필립 피셔는 이렇게 말했다.

"싸게 사서 비싸게 팔자는 생각으로 요란하게 행동하지 말고, 진정으로 우수한 기업을 찾아내, 시장이 아무리 극심하게 변동한다고 할지라도 그 기업의 주식을 계속 보유하는 편이 실제로는 훨씬 많은 이익을 많은 이들에게 줄 수 있다."

주식은 영원히 보유해야 한다

주식을 장기간 보유한다고 결심했다면, 당연히 하루하루의 주가 변동에 연연하지 말아야 한다. 오히려 워런 버핏은 주가가 오늘 아무리 크게 변동했다 해도 '상관없어'라는 태도를 취해야 한다고 생각했다.

때로는 실적이 오르락내리락할 수도 있지만, '장기적인 관점에서' 목표로 하는 성과를 낼 수 있다 한다면 '영원히 소유하는 것'이 버핏식 투자관인 것이다.

주식 투자에 대하여

투자가는 1년 정도는 아무런 생각을 하지 말고 갖고 있어야 한다

벤저민 그레이엄

싸게 사서 비싸게 파는 것이 아니라

우수한 기업의 주식을 매입하여 계속 갖고 있는 것이

오히려 훨씬 더 큰 이익을 가져다 준다

필립 피셔

성실하고 유능한 경영진이 이끄는 뛰어난 기업을 발굴하여

그 내재 가치보다 싼 가격으로 주식을 매입한다

그리고 영원히 보유하면 된다

워런 버핏

주식을 영원히 보유한다는 생각으로 투자에 임하자.

워런 버핏의 명언 ②

투자란 소비를 뒤로 연기하는 것이다. 지금 돈을 내면 나중에 훨씬 더 큰 돈이 되어 돌아온다. 정말로 중요한 문제는 단 두 가지이다. 하나는 얼마나 돌아오는가, 또 하나는 언제 돌아오는가이다.

제2장

손해를 막는 선택법

19 납득할 때까지 철저하게 기업을 조사하라
리스크를 줄이기 위해서는 잘 모르는 것이 아니라 알고 있는 것을 선택한다

자신이 잘 모르는 기업의 주식을 사는 사람이 많다

저명한 투자자인 피터 린치에 따르면, 일반 투자자 중에는 자신이 잘 아는 기업이나 평소에 이용하는 기업을 고르는 게 아니라, 별로 들어본 적도 없고 사업 내용도 이해하지 못하는 기업을 즐겨 투자하는 사람이 많다고 한다.

매일 먹는 던킨 도너츠가 아니라, 무엇을 만들고 있는지도 모르면서 증권사가 추천한 테크기업을 '주가가 오르니까', '성장 중이니까'라는 이유로 선택한다는 것이다.

그러므로 이런 기업에 투자할 때 일반 투자자가 얼마나 '알기 위한' 노력을 했는지는 뻔하다. 피터 린치는 이렇게 말했다.

"사람들은 대부분, 주식 투자보다 전자레인지를 사는데 더 많은 시간을 들인다."

예컨대, 냉장고나 TV를 살 때 사람들은 카탈로그를 보면서 성능을 비교하거나 인터넷의 리뷰를 참고하고, 가전제품 전문점에 가서 실제로 제품을 보면서 점원에게 질문을 한 다음에 '이걸로 해야겠다'라고 결정을 내린다. 그다음에는 '어떤 가게에서 가장 저렴하게 구입할 수 있을까'에 대해 진지하게 알아보기 시작한다.

잘 아는 것을 납득할 때까지 조사하자

투자에 리스크는 응당 따르기 마련이지만, 리스크를 최소한으로 줄이려면 '잘 아는 것'을 선택하여 '납득할 때까지 조사하는' 노력을 기울여야 한다. 이를 두고 워런 버핏은 '자신이 왜 현재 가격으로 이 회사를 매수하는지에 대해 한 편의 소논문을 쓰지 못한다면 100주의 주식을 사는 것조차 그만두어야 한다'라고 말했다.

잘 알고 있는 것에 시간을 들여 조사하자.

20 주가와 가치의 괴리가 클 때가 매입할 타이밍
투자 리스크를 줄이려면 '안전마진'이 중요

'안전마진'을 항상 염두에 두고 투자한다

투자 리스크를 줄이기 위해 가장 필요한 것이 '안전마진(Margin of safety)'이라는 개념이다. '안전마진'이란 '현재의 주가와 기업의 본질적 가치와의 차이'를 말한다.

안전마진의 고안자인 그레이엄은 단기적인 주가는 기업의 정확한 가치를 반영한다고 볼 수 없으나 장기적으로는 본래의 가치에 가까워진다고 보았다. 따라서 싸게 나온 주식에 자금을 투입하는 가치 투자를 실천하였다. 이때 가격과 가치의 차이인 '안전마진'을 중시하였으며, 워런 버핏 또한 '안전마진'을 늘 고려하여 투자를 행했다.

'가격'보다 '가치'를 의식한다

워런 버핏은 기업 가치와 주가의 괴리가 클 때가 투자 타이밍이라고 보았다.

1973년, 워싱턴 포스트의 주가가 급락하여 시가총액이 8,000만 달러가 되었다. 사람들은 대부분 주가가 급락했다는 것을 이유로 주식을 매도하였는데, 버핏은 이 회사의 가치(순자산)가 4억 달러를 넘고 유능한 경영자가 존재한다며 오히려 매입을 시도하였다.

워런 버핏은 아래와 같이 말했다.

"진짜 가치의 몇 분의 일도 안 되는 가격으로 주식을 살 수 있다면 리스크는 없는 것과 같다. 이토록 안전한 투자처가 어디 있을까. 전 재산을 쏟아부었다 해도 아무 걱정이 없다."

투자 시에 사람들이 신경 쓰는 것은 주가, 즉 '가격'의 변동이다. 그런 한편, 개별 기업이 가진 '가치'를 정확히 파악하려는 사람은 거의 없다. 이 때문인지 가치 투자는 유행하지 않았는데, 워런 버핏은 '가격'보다 '가치'에 주목하고 '안전마진'을 고려한 투자로 대성공을 거두었다.

21 투자 종목을 엄선한다
엄선한 소수의 종목에 큰 금액으로 투자한다

분산 투자는 어떤 의미에서 리스크가 크다

워런 버핏은 그레이엄 이론의 정통 후계자라 할 수 있지만, 전부 계승한 것은 아니다. 그중 하나가 '분산 투자'이다.

그가 학생일 때, 가이코의 임원에게서 사업에 대한 자세한 이야기를 듣고 성장 가능성을 확신하여 자산의 75%를 투자에 쏟아부었다. 이 회사는 나중에 버크셔 해서웨이의 산하로 들어왔고, 버핏은 분산 투자에 대해 부정적인 관점을 갖게 되었다.

'분산 투자를 통해 리스크를 줄인다'는 사고방식은 그레이엄뿐만 아니라 금융업계에서 일반 상식이다. 자산을 예금과 채권, 주식 등으로 분산시키고, 주식 투자를 할 때도 되도록 많은 기업에 나누어 투자하여 리스크를 줄이는 것이다.

이러한 사고방식에 대해 버핏의 파트너였던 찰리 멍거는 '분산 투자는 아무것도 모르는 아마추어 투자자나 하는 짓이다'라고 잘라 말했다.

워런 버핏 또한 '투자 종목이 50개 혹은 75개쯤 되면 전부 신경 쓸 수가 없다. 노아의 방주처럼 동물원이 되어버릴 것이다. 엄선한 소수의 종목에 큰 금액을 투자하는 것이 내 방식이다'라고 말한 바 있다.

리스크의 확산에 주의할 것

워런 버핏에 따르면 리스크는 '무지(無知)'에서 생겨난다.

투자의 기본은 자신이 투자할 기업에 대해 '숙지하는' 것인데, '추천받아서', '주가가 오르고 있으니까'라는 이유로 너무나 많은 기업의 주식을 사고 나면, 이들 기업을 전부 파악하기는 불가능하다.

모르는 것을 아무리 많이 모아 봤자, 이는 리스크 분산이 아니라 오히려 리스크 확산이다.

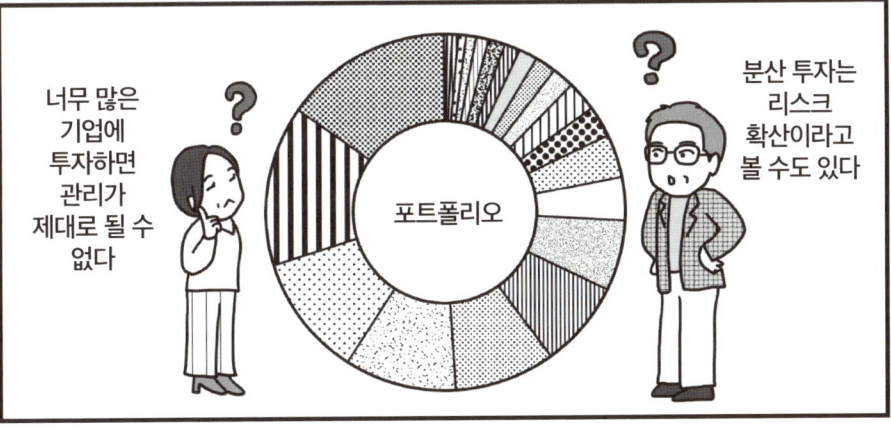
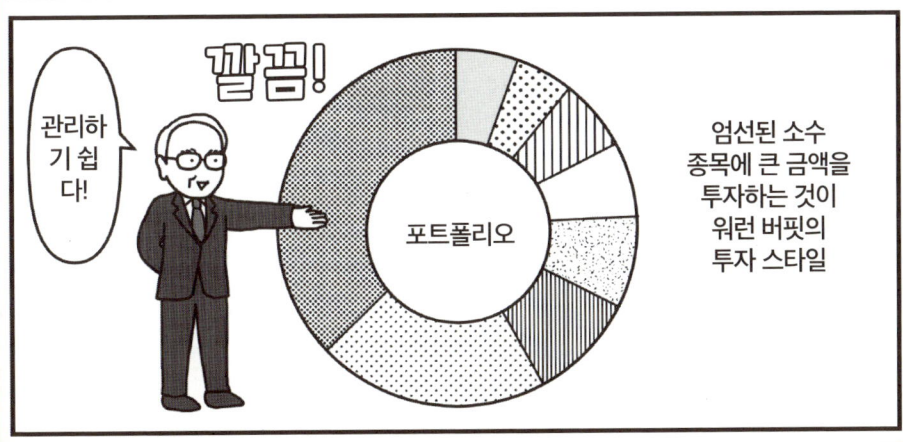

잘 모르는 회사의 주식을 가져봤자 리스크를 확대할 뿐이다.

22 빚은 순자산의 4분의 1까지만
빚을 지거나 신용거래를 하지 말고 여유자금으로 투자한다

채무와 신용거래는 무서운 것

투자 중에 '신용거래'라는 것이 있다.

현금이나 주식을 증권사에 담보로 맡기고 돈을 빌려서 주식을 사거나 증권을 빌려 이를 매도하는 등의 거래를 뜻한다. 당장 자금이 부족한 사람도 주식 시장에 참가할 수 있는 편리한 제도이긴 하나, 성공한 투자자 중에는 '**빚을 내거나 신용거래는 좋지 않다. 여유자금으로 현물을 사도록 하라**'며 채무와 신용거래의 무서움을 설파하는 사람도 많다.

빚지는 길은 불행의 길

워런 버핏 또한 마찬가지이다. 버핏은 21세가 되던 해에 처음으로 빚을 졌는데, 이때도 '순자산의 4분의 1까지라면 괜찮다'라며 채무액을 엄격히 관리하였다. 그는 이렇게 말했다.

"현금을 비축해두지 않은 상태에서 거액의 재정적 의무를 지는 것은 큰 실수이다. 나는 개인적으로 전 재산의 25% 이상을 빌려본 적이 없다. 1만 달러밖에 없는 상황에서 100만 달러만 있으면 실행할 수 있는 아이디어가 떠올랐을 때도 그랬다."

'빚지는 길은 불행의 길'이라고 워런 버핏은 생각했다. 그는 이 자세를 관철한 결과 '약간의 잠재적 이익'을 잃었을 수도 있으나, 자금 조달이나 부채 상환에 시달릴 필요 또한 없었으며 '편안하게 잠들 수 있었다'라고 말했다.

그는 이렇게 지적했다.

"빚을 내 투자를 하여 한 번이라도 이익을 내면 이전의 (현금으로 투자하는) 보수적인 방식으로 되돌아가려 하는 사람이 거의 없다. 하지만 그러면 언젠가 커다란 '구덩이'에 빠지게 된다."

빚에 의존하면 언젠가 큰 구덩이에 빠진다.

23 기업이 제시하는 숫자가 항상 옳은 것은 아니다
자료는 기업 쪽에 유리한 숫자로 되어 있는 경우가 있다

기업은 낙관적인 숫자를 꾸며내기 마련

기업이나 공공기관은 수행하고 싶은 프로젝트가 있을 때 자신들에게 유리하도록 '이렇게 하면 잘 풀릴 것이다'라는 식으로 자료를 꾸며내는 경향이 있다. 특히 각종 지표를 매우 낙관적인 수치로 작성하기 때문에, 제삼자가 냉정한 관점으로 보면 '그건 불가능하지'라고 생각하는 경우가 많다.

워런 버핏에 따르면, 버크셔 해서웨이는 과거에 거래한 적 있는 경영자가 소개한 회사를 인수하는 사례가 많았다고 한다. 그런데 다른 투자 회사들은 은행이 관련된 경우가 많다.

딱히 대단치 않은 회사인데, 은행에서 준비한 자료를 보면 슈퍼맨처럼 무적의 힘을 지닌 회사처럼 소개가 되어, 이를 본 경영자들은 홀린 듯 빠지게 된다.

때로는 속임수도 들어가는 '장밋빛 스토리'

워런 버핏은 그런 말에 귀를 기울이지 않는다. 그 이유는 다음 이야기를 늘 명심했기 때문이다.

어느 날, 병든 말을 키우던 남자가 수의사를 찾아와 상담했다.

"제 말은 똑바로 걸을 때도 있지만 한쪽 다리를 질질 끌면서 갈 때도 있습니다."

그러자 수의사가 말했다.

"전혀 문제없네요. 말이 제대로 걸을 때 파시면 됩니다."

다친 말도 명마가 될 수 있다는 뜻이다.

투자업계에는 '보이는 그대로'만 있는 것이 아니다.

모든 것이 잘 돌아가는 것처럼 보이는 '장밋빛 스토리'에는 종종 눈속임 또한 존재한다.

24 '뛰어난 사업성'은 리스크를 줄인다
버크셔 해서웨이의 인수에서 배운 사업 내용의 중요함

도산 직전의 회사를 인수하고 도산

버핏에 따르면 투자 시에는 '안전마진'을 확보하는 것이 중요하지만, 시가총액이 가치보다 낮다고 무조건 좋은 것은 또 아니다.

1965년에 워런 버핏은 섬유회사인 버크셔 해서웨이를 살펴보고, 이익이 나오지 않아 도산 직전의 회사였지만 기업 가치보다 주가가 훨씬 낮아, '어쨌든 싸니까 사야겠어'라고 생각했다고 한다. 이후 워런 버핏은 회사의 재건을 위해 여러 차례 자본을 투입하는 등 다양한 노력을 기울였으나 20년 후인 1985년에 결국 섬유 부문을 접고 노동자 400명을 해고하였으며, 기계 설비 전부를 16만 달러에 매각하였다. 그리고 버크셔 해서웨이는 업종을 투자전문회사로 바꾸어 성장을 거듭하였는데, 워런 버핏은 아래와 같이 회고하였다.

"그때 버크셔 해서웨이라는 이름을 듣지 않았더라면, 지금쯤 나는 더 부자가 되었을 것이라네."

유능한 기수도 말이 시원찮으면 이길 수 없다

이렇게 쓰디쓴 경험을 한 버핏은 자산 대비 주가가 극단적으로 낮은 기업에 투자를 하는 '바겐세일'과 '담배꽁초' 방식을 버리고, 자산에 비해 주가가 높더라도 뛰어난 사업성과 우수한 경영자가 있는 회사를 중시하게 되었다. 특히, '뛰어난 사업성'에 주목하였다.

워런 버핏은 이렇게 말했다.

"유능한 기수라 할지라도 명마에 타면 이기지만 골절상을 당한 말에 타면 이길 수 없다."

우수한 경영자가 있더라도 사업 내용이 시원찮으면 회사의 재건은 어렵다. '사업성'이 좋은지 확인하는 것이 리스크를 줄이고 투자에 성공하는 비결이다.

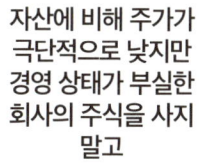

사업의 우수성을 간파하는 것이 성공의 비결이다.

25 변화하는 기업 정보를 점검한다
기업은 변화하기 마련이나, 좋은 기업으로 존속하는 것은 어렵다

종종 기업을 재점검하도록 한다

워런 버핏의 투자 원칙 중 하나는 '자신이 잘 아는 기업'에 투자하는 것이다. 이때 '내가 현재 가격으로 이 회사를 매수하는 이유'라는 제목으로 한 편의 소논문을 작성할 수 있을 정도로 '잘 알아야' 하며, '사야만 하는 합리적 이유' 또한 있어야 한다는 것이 워런 버핏의 지론이다.

그리고 좋은 기업이라면 '되도록 오래 보유해야' 하며, '회사에 대해 이따금 재점검'하는 것을 빼먹지 않아야 한다. 이는 시시각각 변하는 주가를 체크하라는 뜻이 아니다. 기업은 변화에 대응하는 것이 주요 업무이므로, 변화에 적응하고 이에 맞춰 변해가면서 살아남고 성장하기 마련이나, 투자를 시작한 시점에서 '좋은 기업'이었다고 하여 계속 좋은 기업으로 존속하기란 쉽지 않다.

지금도 좋은 기업인지 확인한다

예컨대, 인텔은 오랫동안 반도체 산업의 왕으로 군림하였으나 AI용 반도체 구조 분야에서는 엔비디아에게 뒤처지고 있다. 엔비디아가 제조를 TSMC에 위탁하며 개발에만 전념하는 동안 인텔은 자체 생산을 고집하여 최첨단 반도체 부문에서 성과를 내지 못한 것이다.

결과적으로 장기간 '좋은 기업'이었던 인텔은 현재 정상의 자리를 잃은 상태이다. 따라서 **자신이 투자하는 기업에 대해 '때때로 회사의 업무 내용을 재검토'할 필요가 있다.** 버핏이라고 기업의 주식을 전부 평생 보유하진 않는다. 투자는 기업 일부를 소유하는 것이다. 이따금 투자 당시의 소논문을 보고 '지금은 어떤지' 확인하면 리스크를 방지할 수 있다.

투자 이후에도 좋은 기업인지 때때로 재점검한다.

26 '무지와 채무'는 리스크로 이어진다
숙고하여 투자하지 않으면 모든 면에서 부정적인 결과가 나올 가능성이 크다

'돈 벌 수 있을 것 같은데'라는 생각만으로 투자하지 말자

투자로 성공하려면 자신의 행동에 대해 잘 이해하고 합리적으로 움직여야 한다. 실패하는 사람들은 정반대의 행동을 취한다. 워런 버핏은 이렇게 말했다.

"투자는 합리적으로 행해야 한다. 이를 이해하지 못한다면 애초에 투자할 생각은 버려라."

그러나 이 세상에는 이해하지 못하는 상황에서도 대담하게 승부를 거는 사람들이 많다. 금융파생상품(derivative)이 대표적이다. 워런 버핏은 금융파생상품에 대해 두 가지 위험성을 지적한 바 있다.

첫 번째로, 고도의 금융 이론을 구사하기 때문에 투자자들 대부분은 그 구조를 이해하기 어렵지만 '돈 벌 수 있을 것 같아'라는 이유만으로 투자를 결정해버린다.

그리고 두 번째는 자기 자본 이외에 레버리지가 걸려있다는 점이다. 워런 버핏은 아래와 같이 지적했다.

"무지와 채무가 합쳐지면 매우 흥미로운 결과가 나온다."

이해할 수 없는 상황에서 투자를 한다는 공포와 실제로 거래하는 금액의 몇 배나 되는 이익 또는 손실이 나올 수 있다는 공포가 겹쳐지는 것이다. 심사숙고 없이 파생상품 등에 투자하는 행위는 자신의 미래를 파괴하는 것과 같다.

마지막에 0을 곱하면 결국 0

1994년, 살로몬 브라더스 출신의 컨설턴트가 헤지펀드 LTCM을 설립하였다. 자본금의 25배로 레버리지를 걸고 거래하여 일시적으로 큰 실적을 올렸지만, 몇 년 후에 벌어진 전 세계적인 시장 혼란으로 인해 자본금의 절반을 잃었다.

아무리 좋은 성과를 냈어도 마지막에 0을 곱하면 결국 0으로 끝난다. '무지와 채무'는 모든 것을 0으로 만들뿐더러, 오히려 마이너스로 만들 수도 있다.

레버리지란 작은 힘을 가해 큰 힘을 발휘하는 **지렛대**를 말한다

예컨대 투자 자금 100달러에 10배의 레버리지를 걸면 1,000달러 어치 거래를 할 수 있다

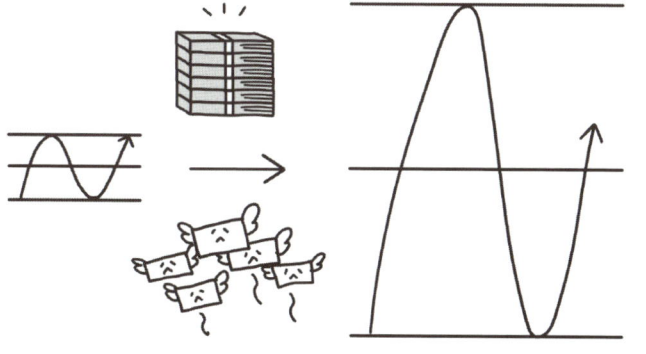

잘만 하면 이익이 10배가 되지만 10배의 손실을 입을 수도 있다

돈을 벌 수 있을 것 같다는 이유 하나만으로 이해하지 못하는 것에 투자하면 안 된다

무지와 채무가 합쳐지면 거대한 마이너스가 된다

투자로 성공하고 싶다면 합리적으로 행동하라.

27 '능력 범위' 밖이라면 투자하지 않는다
어떻게 자신의 능력 범위 안으로 들어오게 할지가 중요하다

케인즈마저도 분산 투자에는 자신이 없었다

워런 버핏이 투자에서 중시한 것은 '능력 범위(circle of my ability)'인데, '어떻게 범위를 넓힐지'가 아니라 '어떻게 범위 안으로 들어오게 할지'를 더 중요하게 여겼다.

'버핏으로부터의 편지'를 보면, 20세기의 대표적인 경제학자인 존 메이너드 케인즈(John Maynard Keynes, 1883~1946)의 편지를 소개하고 있다.

"자신감을 가질 만한 근거가 딱히 없는데도 불구하고, 자신이 잘 이해도 하지 못하는 수많은 기업에 분산 투자를 하여 리스크를 줄일 수 있다고 생각하는 것은 큰 착각이다. 인간의 지식과 경험이란 의심할 여지 없이 한계가 명백하며, 나 또한 완벽한 자신감을 갖고 투자할 만한 기업을 동시에 2~3개 이상 제시할 수 없다."

'20세기 최고의 경제학자'인 케인즈마저 그렇게 말한 것이다. 그리고 '세계 최고의 투자자'인 워런 버핏도 IT업계 등의 미래를 예측하긴 어렵다고 말한 바 있다.

'잘 모르는' 분야에 투자하지 않는다

케인즈와 버핏의 훌륭한 점은 '우리의 능력으로는 예측하지 못하는 것이 있다'라는 것을 분명히 자각하고 있다는 부분이다.

물론 그 두 사람은 다양한 분야에 대해 어느 정도 예측할 수 있는 능력이 있지만, 투자에 임할 때는 '자신이 잘 알고 있는 분야'에 특화하여 투자했고 그 외에는 '잘 모른다'라는 이유로 '투자를 하지 않은' 점이 대단하다 할 수 있다.

리스크를 줄이고 싶다면 '모르는 부분을 인지하고', 능력 범위 밖의 투자는 삼가야 할 것이다.

능력 범위는 어떻게 넓히느냐가 아니라
어떻게 안으로 들어오게 할지가 중요하다

능력 범위

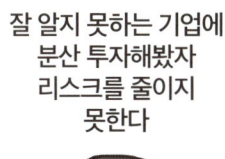

잘 알지 못하는 기업에 분산 투자해봤자 리스크를 줄이지 못한다

우리들의 능력으로도 예측하지 못하는 것이 있다

IT업계의 미래에 대한 예측은 어렵다

경제학자 존 메이너드 케인즈

자신이 잘 아는 분야에 특화한 투자를 하고

잘 모르는 분야에는 투자하지 않는다

리스크를 줄이고 싶다면 능력 범위 밖에 섣불리 손을 내밀지 말아야 할 것이다

능력 범위

잘 모르는 분야에 투자하는 것은 위험하다.

28 투자 기회를 놓쳤다고 해서 실패한 것은 아니다
'가공의 손해'를 '진짜 손해'라고 착각하고 원칙을 깨지말자

투자 성공담에는 함정이 있다

주식 시장에는 수많은 유혹이 존재한다.

완전히 이름 없는 기업에 투자하여 놀랄 만큼의 고배율로 수익을 냈다는 성공담을 들으면 '언젠가 나도' 하는 마음이 들게 된다.

그 정도가 아니라도, 어떤 사람이 산 주식이 '몇 배가 되었다더라', '얼마 벌었다더라'라는 이야기를 들으면 왠지 자신은 손해를 본 기분이 든다. 하지만 여기에는 큰 함정이 존재한다.

'가공의 손해'는 과실이 아니다

워런 버핏은 과거에 투자로 인한 실패를 여러 번 경험했지만, 한편으로는 투자하지 않아서 돈을 벌 기회를 놓친 적도 있다. 그중 잘 알려진 것이 인텔 창업 당시의 사례로, 투자할 절호의 기회가 있었는데 불구하고 자신이 잘 모르는 테크기업에 투자하지 않는다는 철칙으로 인해 투자를 집행하지 않았다.

인텔은 그 이후 마이크로소프트와 함께 '윈텔(윈도우즈+인텔)'이라고 일컬어질 정도로 반도체 업계에서 패자로 군림하였는데, 만약 창업 당시 워런 버핏이 투자를 했다면 얼마만큼의 이익을 냈을까. 하지만 버핏이 이때 '큰 실수를 했다'라고 낙담하여 '능력 범위 안에서 투자한다'라는 철칙을 버리고 IT기업에 투자했다면 더 큰 실패를 했을지도 모른다. 버핏은 이렇게 말했다.

"큰 투자 기회를 놓쳤다고 하더라도, 투자 대상이 나의 능력 범위 밖에 있다면 이는 과실이 아니다."

'가공의 손해'를 '진짜 손해'라고 착각하고 자신의 원칙을 깨버리면, '진짜 손해'가 기다리고 있을 것이다.

투자 기회를 놓쳤다 해도 진짜 손해가 아니다.

29 나라와 문화 또한 투자를 위한 지식이 될 수 있다

모국의 시장에서 돈을 벌지 못했다면
작은 시장에서도 돈을 벌지 못한다

국내에서 성공한 상품이 해외에서도 성공한다

국내의 대기업에서 글로벌 마케팅을 담당했던 분에 따르면, 해외에 진출하고자 한다면 '국내에서 성공한 상품'으로 도전하라고 조언한다.

반대로 '국내에서는 잘 안 풀렸지만 해외라면'이란 생각으로 해외에 진출한다면 매우 어려워질 것이라고 한다.

우선 국내에서 실적으로 올리고 이를 통해 해외에 진출해야 한다는 것이다. 워런 버핏이 지금은 일본의 5대 상사 등 해외 기업에 투자하고 있지만, 그것은 2000년대에 접어들어서다.

나라와 문화에 대해 이해한다

'세계 3대 투자자' 중 하나인 짐 로저스(James Rogers)는 오토바이로 전 세계를 여행하면서 '모험 투자자'로 예전부터 동유럽과 중국에 눈을 돌린 바 있지만, 워런 버핏은 2000년대 중반까지 미국을 주요 무대로 삼았다. 이유는 아래와 같다.

"내가 태어나고 자란 문화에 대해서도 그 특징이나 복잡함을 제대로 이해하기 어렵다. 하물며 다른 문화라면 더욱 어려울 것이다. 그리고 버크셔 해서웨이의 주주 대부분은 달러를 쓰면서 생활하고 있다."

"수 마일 떨어진 곳이라도 지금까지의 노하우를 발휘한다면 더 많은 돈을 벌 수 있다는 말을 들은 적이 있다. 그러나 미국 시장에서 이익을 내지도 못하면서 그보다 작은 시장에서 돈을 벌 수 있을까. 그것은 낙관적 관측에 지나지 않는다."

워런 버핏의 투자에서 기본은 '잘 아는 것'이지만, 이는 나라와 문화에 대해서도 마찬가지로, '능력 범위' 중 하나라 할 수 있다.

'잘 아는 것'이 투자의 기본이다.

30 우수한 기업을 적당한 가격에 사들인다
어려운 비즈니스일수록 계속하여 문제가 발생한다

우수한 기업을 적당한 가격에 사들인다

워런 버핏은 오래전부터 '실제 가치보다 가격이 낮은' 기업을 투자해왔으나, 이에 더해 '우수한 기업을 적당한 가격으로'와 '훌륭한 기업'을 강조하게 된 이유는, 그러지 못한 기업의 경우, 투자 이후 문제가 빈번히 발생하여 기대한 만큼의 이익을 얻지 못하고 손실이 날 수도 있기 때문이다.

사업성이 나쁜 비즈니스는 고난에 직면한다

1977년에 워런 버핏은 3,250만 달러를 들여 버팔로 이브닝 뉴스를 매수했다. 지금은 버핏이 매체 쪽은 거리를 두고 있지만, 당시에는 언론 산업에 많은 관심을 보이며 '한 지역을 독점'하는 점을 높이 평가하였다. 이때에도 큰 기대를 품고 매수하였으나, 주말판 발행을 두고 경쟁지인 크리에 익스프레스지(紙)로부터 '독점적 지위를 악용하고 있다'는 이유로 소송을 당하고, 그 과정에서 '자신이 소유한 다리를 건너는 것에 대한 통행료를 인상하는 부류의 인간'이라는 오명을 쓰게 된다.

또한 버팔로 이브닝 뉴스에는 13개나 되는 노동조합이 존재했는데, 여기서 노사문제가 불거지면서, 신문 발행을 중단하고 회사를 청산해야만 하는 막다른 길에 몰리게 되었다.

이러한 문제를 어떻게든 해결하고자 했던 워런 버핏은 회사를 우량 기업으로 바꾸는 데 성공하였으나, 이와 동시에 '어려운 사업 분야에서는 한 가지 문제가 정리되기도 전에 또 다른 문제가 벌어진다'라는 것을 통감하였다. 사업성이 좋은 분야에서는 결단을 내리기가 쉽고 편하지만, 사업성이 나쁜 분야는 계속하여 난제를 떠안게 된다는 것을 깨달은 버핏은 그 경험에 의해 '우수한 기업'을 선호하게 된 것이다.

투자 후에도 잘 문제가 발생하지 않는 '우수한 기업'에 투자한다.

31 10년 후에도 경쟁력을 유지할 회사에 투자한다
미래에도 확실한 수요가 있는 기업은 리스크를 줄일 수 있다

원칙만 가지고는 리스크를 0으로 만들 수 없다

워런 버핏은 리스크를 줄이기 위해 ①능력 범위에서 벗어나지 않고 자신이 잘 이해할 수 있는 기업에 투자한다, ②안전마진을 확보한다, ③과도한 채무를 만들지 않는다──는 원칙을 세워 충실히 이행했다.

그럼, 이런 원칙만 잘 지키면 리스크가 0이 될까? 물론 그렇지 않다. '리스크 제로'를 꿈꾼다면 투자가 아니라 저축을 하거나 국채를 사야 할 것이다.

미래는 아무도 예측할 수 없다

워런 버핏은 2004년에 한국 기업에 투자하면서 이렇게 말했다.

"투자할 때는 일정 부분의 리스크를 감내해야만 한다. 미래는 항상 불확실하기 때문이다."

예나 지금이나 한국은 북한이라는 리스크 요인이 존재한다. 가까이에는 러시아와 중국도 있기 때문에, 만약 북한이 한국을 침공하거나 핵병기를 사용하면 한반도뿐만 아니라 중국과 러시아, 일본까지 전쟁에 휘말릴 가능성이 있다.

그가 리스크를 감안하고도 투자를 집행한 대상은 철강과 시멘트, 밀가루, 전기 등 10년 후에도 수요가 있는 제품을 만드는 기업들이었다. 한국 국내에서의 시장점유율이 높고, 중국과 일본에도 수출하고 있으므로, 앞으로도 오랜 기간 경쟁력을 유지하리라 예측하여 투자를 단행한 것이다.

미래는 불확실하며 아무도 예측할 수 없다.

그러나 어떠한 상황에서든 확실히 수요가 있는 제품을 만드는 기업이라면 투자 리스크를 대폭 감소시킬 수 있다는 것이 워런 버핏의 사고방식이다.

어떠한 상황에서든 수요가 있는 제품은 리스크를 줄일 수 있다.

32 뛰어난 경영자가 만드는 제품에 투자한다
강력한 경쟁력을 지닌 기업에 투자하면 리스크를 줄일 수 있다

워런 버핏의 첫 일본 방문

2011년 11월, 버핏은 초경합금구 제조 기업인 탕가로이(Tungaloy)가 후쿠시마현 이와키시에 신설한 공장 준공식에 참석차 처음으로 일본을 방문했다. 동일본 대지진이 일어나고 반년 정도 지난 시점이라, 아직 외국인들이 일본에 가는 것을 꺼리던 시기였다.

워런 버핏이 첫 방일 일정으로 이 회사를 선택한 이유는 탕가로이의 모회사로 이스라엘의 절삭공구 제조 기업인 IMC그룹의 주식 8할을 버크셔 해서웨이가 보유하였기 때문이다.

10년 후에도 수요가 있는 제품을 만드는 기업

워런 버핏은 2006년에 IMC 그룹에 40억 달러를 투자하여 주식을 사들였는데, 이는 당시 버핏이 미국 이외에 처음으로 대형 투자를 한 사례였다. 그는 왜 리스크가 큰 이스라엘에 투자를 하고 지진 리스크가 있는 일본의 제조사를 방문했을까.

그 이유는 이 두 회사가 만드는 제품이 높은 성능을 발휘하였고 '10년 후에도 수요가 있는 기본적인 제품을 제조하고 있기' 때문이다.

그리고 또 한 가지 이유는 IMC를 이끌던 스테프 베르트하이머(Stef Wertheimer)가 임직원을 배려하는 훌륭한 경영을 펼치는 뛰어난 경영자였기 때문이다.

IMC는 글로벌 1위 사업자인 스웨덴의 샌드빅(Sandvik)을 따라잡기 위해 자금과 지명도가 필요한 상황이었는데, 버크셔 해서웨이 또한 뛰어난 경영자가 이끄는 경쟁력 강한 기업을 찾고 있었기 때문에 서로의 이해관계가 일치한 것이다. 워런 버핏은 베르트하이머를 신뢰하고 경영을 맡겼다.

리스크는 0으로 만들 수 없지만, 뛰어난 경영자가 우수한 제품을 만드는 기업이라면 리스크를 최소한으로 줄일 수 있다는 것이 워런 버핏의 가치관이다.

우수한 제품을 만드는 기업은 리스크를 줄일 수 있다.

33 리스크를 줄여서 확실한 이익을 챙긴다
큰 변화를 시도하는 기업에 투자하면 그만큼 리스크가 커진다

왜 일본의 5대 상사에 투자했을까

워런 버핏이 이끄는 버크셔 해서웨이가 2020년 8월에 이토츄상사, 미츠비시상사, 스미토모상사, 미츠이물산, 마루베니 등 일본 5대 종합상사의 주식을 취득한다고 발표하자, 세계적으로 큰 반향이 일었다. 금액은 약 60억 달러 규모였는데, 그 직후에 5사 전부 주가가 떨어지자 '버핏이 왜 하필 지금 일본 상사에 투자했을까'라는 의문이 제기되었다.

그러나 현재 5사 전부 큰 이익을 버크셔 해서웨이에 가져다주었고, 이에 투자 금액을 5%에서 10%로 증액하는 등, 지금은 성공적인 투자로 평가받고 있다. 그럼에도 불구하고 '왜 이제 와서 상사에 투자하지'라는 의문을 가진 사람이 많다. 5대 상사는 전부 유서 깊고 좋은 회사지만, 글로벌 관점에서 보면 급성장을 이룩한 회사가 매우 많으므로 그 의문은 당연했다.

큰 변화가 없을 것으로 예상되는 기업을 선택한다

한편으로 이 선택이 '참으로 버핏다운 결정'이라는 것 또한 사실이다. 워런 버핏에 따르면, 기업 매수와 투자를 할 때 그는 큰 변화가 없을 것으로 예상되는 기업과 업종을 선택한다고 한다. 코카콜라를 예로 들면, 해당 업계는 변화가 일어난다고 하더라도 급격하지 않으며 경영진이 경영 방침을 크게 바꾸지 않는 한 10년, 20년 후에도 경쟁 우위를 유지할 수 있다고 생각되기 때문이다.

"변화가 빠른 업계에 투자하면 막대한 이익을 얻을 수 있을지도 모른다. 하지만 여기에 우리가 추구하는 확실성은 존재하지 않는다."

하이 리스크 하이 리턴보다, 리스크를 줄이면서 확실히 이익을 챙기는 것이 버핏의 방식이다.

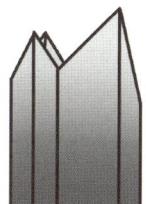 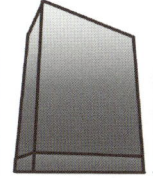 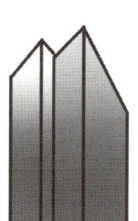 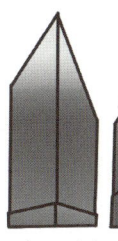 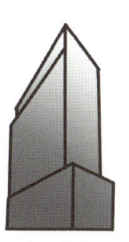

2020년 8월, 버크셔 해서웨이는 일본의 5대 종합 상사의 주식 취득을 발표했다

미츠이물산 / 마루베니 / 이토츄상사 / 스미토모상사 / 미츠비시상사

왜 이제 와서 일본 상사에?

세상에는 급성장 중인 회사가 얼마든지 있는데

변화가 빠른 업계에 투자하면 막대한 이익을 얻을 수도 있지만 확실성은 없다

나는 장기적으로 경쟁 우위를 유지할 수 있는 기업과 업계에 투자한다

하이 리스크 하이 리턴보다

리스크를 줄이고 확실히 이익을 챙기는 것이

워런 버핏의 방식이다

큰 이익보다 확실성을 추구한다.

34 실패의 이유를 설명할 수 있어야 한다
다른 사람의 의견에 좌우되지 말고 스스로 알아본 후 투자한다

원칙을 지킨다고 해도 실패할 수 있다

워런 버핏은 몇 가지 원칙만 지키면 리스크를 낮출 수 있다고 말했지만, 그렇다고 해서 과거에 실패가 없었던 것은 아니다. 버크셔 해서웨이의 매수를 포함하여 몇 번의 실패를 거듭하였고, 패니 메이(Fannie Mae, 연방주택저당공사) 및 월마트에 투자를 집행하지 않는 등, 매입 타이밍을 놓쳐서 실패한 사례도 있다.

리스크를 수용하고 투자한다

다만, 워런 버핏은 투자에 있어서 판단 착오를 전혀 하지 않을 수는 없다고 생각하여, 다음과 같이 말한 바 있다.

"인간이 실패하는 것은 당연하므로, 미적거리며 끙끙 앓을 필요가 없다. 그래봤자 아무 의미가 없기 때문이다. 내일은 오기 마련이니 긍정적인 마음을 갖고 다음에 무슨 일을 할지 생각해야 한다."

실패하면 누구나 낙담할 수밖에 없다. 그러나 버핏이 긍정적으로 생각해야 한다고 말한 이유는 무엇일까.

워런 버핏은 투자에 임할 때 다른 사람의 의견에 영향을 받지 않고, 직접 알아보고 생각하여 스스로 납득한 다음에 판단을 내린다. 그는 이렇게 말했다.

"실패했더라도 그 경위를 설명할 수 있어야 한다. 즉, 자신이 완전히 이를 이해했기 때문에 결정했으며, 그 결과를 받아들이는 것이다."

이해와 납득 없이 투자하면 실패는 당연한 결과이며, 또한 후회로 이어지기 마련이다. 투자는 어디까지나 자신의 책임으로 행하는 것이다. 따라서 리스크도 '납득하여 받아들이고' 투자를 진행해야 한다.

투자는 자기 책임이므로 납득한 후 진행해야 한다.

워런 버핏의 명언 ③

미래가 확실히 눈에 보일 수는 없다. 세상이 밝고 잘 돌아갈 때는 다소 비싼 주식이라도 사 버리기 마련이다. 불확실할 때야말로 장기 투자자의 시간이다.

제3장

스스로 생각하는
습관을 들인다

35 투자 시에는 직접 생각하고 확신을 가져야 한다
누군가 산다고 해서 따라서 투자하지 않는다

'다른 사람의 머리'에 의지하지 않는다

투자할 때는 확고한 이유, 그것도 '자신의 머리'로 생각한 이유가 필요하다는 것이 워런 버핏의 지론이다. 그러나 실제로는 많은 사람들이 '다른 사람의 머리'에 의지하고 있다.

워런 버핏 또한 예전엔 그랬다.

1950년, 컬럼비아대학교 대학원에 재학 중이던 버핏은 미네소타주 덜루스에 본사가 있는 철물 도매업체인 마셜 웰즈(Marshall Wells)의 주식을 25주 구입했다. 이 회사의 주주총회에 참석했을 때, 경영진에게 매서운 질문을 퍼붓던 증권사 스트라이커&브라운의 직원인 루이스 그린(Louis Green)을 만났다.

'자신의 머리'로 생각하고 확신해야 한다

그린 또한 버핏의 은사인 벤져민 그레이엄의 맹우(盟友) 중 한 명으로, 주주총회에서 돌아가는 길에 워런 버핏을 점심 식사에 초대했다.

잡담을 조금 나눈 후, 그린은 버핏에게 "마셜 웰즈의 주식을 산 이유가 있나?"라고 물었다. 버핏이 "벤져민 그레이엄이 샀으니까요"라고 답하자, 그린은 버핏의 얼굴을 쳐다보고는 "원 스트라이크"라고 말했다. 그 말의 뜻은 자신의 머리로 생각하라는 의미였다.

버핏은 당시의 그린이 보여준 눈빛과 그 말을 평생 잊지 못하고, 두 번 다시 똑같은 실수를 범하지 않겠다고 다짐하였다.

물론 마셜 웰즈의 주식을 산 것은 워런 버핏 나름의 이유가 있었다고는 하나, 그 기저에는 그레이엄이 샀기 때문에 괜찮다는 안심감이 있었던 것 또한 사실이다. 그러나 이는 '다른 사람에게 일임한' 투자이며, '자신의 머리'로 생각하여 확신하고 실행한 것이 아니었다.

36 투자에 대해 아무도 대신 책임을 지지 않는다
다른 사람의 흉내를 내는 건 쉽지만 리스크도 크다

권위자를 뒤따르는 건 간단하다

투자뿐만 아니라 다른 영역에서도 **누군가의 뒤를 따르고 흉내내는 건** 매우 쉽다.

하물며 그것이 권위자나 유명인이라면, 뒤를 졸졸 따라가기만 해도 일이 잘 풀리리라 생각하기 마련이다.

그러나 그것은 리스크 또한 크다. 워런 버핏은 고등학생일 때 다른 사람의 흉내를 내는 것의 위험성을 몸소 체험한 적이 있다.

그가 로즈힐고등학교에 재학 중일 때, 코넷(Cornet)을 배운 적이 있는데, 열심히 연습한 보람이 있어서 학교의 휴전기념일 행사에서 합주를 하게 되었다. 행사 당일, 워런 버핏은 사람들 앞에서 연주한다는 사실에 흥분을 감추지 못했다. 그런데 제1주자가 중간에 음을 틀리자, 그 순간, 워런 버핏은 불시에 허를 찔려, 어떻게 불어야 할지 망설였다.

제1 주자의 틀린 음을 따라서 불어야 할까, 아니면 맞는 음을 분다면 제1 주자를 부끄럽게 만들 것이다. 결국 어떤 선택을 했는지에 대해 버핏은 기억하지 못한다고 했지만, 그때부터 '선두의 뒤를 따라 흉내내는 인생은 쉽지만, 선두에 선 사람이 틀린 음을 내면 자신도 함께 망하게 된다'라는 교훈을 얻었다.

투자는 자기 책임으로 실행하는 것이다

다른 사람의 뒤를 따르거나 그의 행동을 그대로 흉내내기는 쉽고 편하지만, 문제는 그 '누군가'가 틀렸을 때 일어난다. 틀렸다고 해서 그 '누군가'가 책임을 대신 지는 것도 아니고 손실을 보상해주지도 않는다.

투자는 어디까지나 '**스스로 생각하고 자기 책임하에 실행하는**' 것이다.

투자에 실패하더라도 손실을 보상해주는 사람은 없다.

37 섣불리 주위와 같은 결정을 내리지 않는다
주위와 같은 결정을 해봤자 성과를 얻을 순 없다

집단 속에서는 특출난 성과를 내기 힘들다

그레이엄-뉴먼사(社)를 퇴사한 워런 버핏이 오마하에서 홀로 파트너십을 설립하겠다고 결단한 1956년 당시, 금융업계에서 진심으로 성공하겠다고 다짐한 미국 사람이 뉴욕 이외에서 일한다는 것은 상상할 수 없는 일이었다.

물론 지방에도 증권사는 있었지만 중요한 업무를 담당하지는 못했으며, 금융업계에서 성공하여 버핏이 바라던 '부자가 되기' 위해서는 월스트리트를 벗어난다는 선택지가 애초에 존재하지 않았다.

그러나 버핏은 멋지게 그 상식을 뒤집었다.

1957년에 워런 버핏의 파트너십에 유치된 투자액 1만 달러는 12년 후에 26만 달러로 불어났고, 경제지인 '포브스'가 '오마하는 어떻게 월스트리트에게 승리하였는가'라는 기사를 게재하기에 이른다.

인터넷도 없는 시대에 워런 버핏은 월스트리트에서 멀리 떨어진 오마하에서 대체 어떻게 혼자 그 정도의 성과를 거둘 수 있었을까?

그는 그 이유를 아래와 같이 분석했다.

"내 편견일지 모르지만, 집단 속에서는 특출난 투자 실적을 올리기 어렵다."

오롯이 혼자의 힘으로 생각해야 한다

문제의 원인은 월스트리트의 투자 판단 방식 및 줄짓기 문화에 있었다. 예컨대, 1973년에 신문사인 워싱턴 포스트의 주가가 크게 하락하자, 워런 버핏은 '안전마진'이 크다고 보고 투자를 결단하였으나 월스트리트의 많은 이들은 주변의 행동을 보고 '주위와 같은' 판단을 내렸다.

워런 버핏은 '투자를 할 때는 주위와 똑같은 판단이 아니라 혼자만의 힘으로 생각해야만 성공할 수 있다'라고 생각하였으며 이를 관철하였다.

투자는 스스로 생각해야만 성공에 이를 수 있다.

38 전문가의 의견에 지나치게 의존하지 말자
신용 평가 기관의 의견보다 직접 생각하는 것이 중요

전문가의 의견을 아무 비판 없이 수용하지 말자

투자업계에는 수많은 조언가가 있다.

월스트리트에서 일하는 사람과 전문가들이 있는가 하면, 신용 평가 기관도 있다. 그러나 워런 버핏은 이러한 사람들의 조언을 귀담아듣지 않았다.

1983년과 그 이듬해까지 그는 워싱턴 전력회사의 사채를 총 1억 3,900만 달러분 매입하였는데, 신용 평가 기관에서는 이것이 휴지조각이 될 위험성이 매우 높으므로 투자에 부적합하다고 판단했다. 그러나 버핏은 자신의 의지를 굽히지 않았다.

"우리는 등급을 기준으로 판단하지 않는다. 만약 내가 신용 평가 기관인 무디스나 S&P에 투자 자금 운용을 맡기고 싶었다면 진작에 그렇게 했을 것이다."

신용 평가 기관이 불필요하다는 뜻이 아니다. 워런 버핏은 젊은 시절부터 '무디스 매뉴얼' 등을 구석구석까지 탐독할 정도였지만, 신용 평가 기관에서 하는 말을 무비판적으로 수용하지는 않은 것이다.

스스로 생각하고 자기 책임하에 투자한다

그는 금융 관련의 난해한 이론이나 학설을 도도하게 읊어대는 학자들을 신랄하게 비판했다.

이 때문에 학자들로부터 공격을 받는 경우도 종종 있었지만, 워런 버핏은 이렇게 응수했다.

"자네들이 우수할지도 모르지만, 그럼 왜 내가 부자가 되었을까?"

권위 있는 기관이나 전문가의 의견을 비판 없이 수용하는 사람이 많은데, 이들에게 지나치게 의존하지 말고 직접 생각하는 것이 중요하다. 그렇게 해야 비로소 직접 납득할 수 있고, 자기 책임하에 투자를 실행할 수 있게 되는 것이다.

전문가에게 너무 의존하지 말고, 스스로 생각하여 납득한다.

39 '예측'하지 말고 '기업의 장기적 가치'를 파악한다
다른 사람으로부터 얻을 수 있는 정보는 예측이고 후행이다

정보는 지나치지 않아야 실적을 남길 수 있다

인터넷이 발달한 지금은 지구상 어디에 있든지 정보를 대체로 입수할 수 있으며, 그 자리에서 다양한 업무를 볼 수 있다. 그러나 워런 버핏이 뉴욕을 떠나 일을 시작한 당시, 오마하에서 우편을 받으려면 며칠이 걸렸다.

그럼에도 불구하고, 워런 버핏은 지방에서 일하는 편이 더 좋은 운용 실적을 올릴 수 있다고 믿었다. 그 이유는 내부 정보와 경제 예측을 지나치게 신경 쓸 필요가 없기 때문이다.

'고고 시대'라 불리던 주식 시장이 폭락하기 시작한 1966년, 워런 버핏의 고객 중 몇 명이 '시장의 하락세가 앞으로도 이어지지 않겠는가'라며 충고하는 전화를 했다.

정보는 모두 나중에 갖다 붙인 것이다

워런 버핏은 이런 의문을 느꼈다.

"만일 2월 시점에서, 5월에 다우존스 지수가 865포인트로 떨어질 것을 예측했다면 이를 왜 알려주지 않았을까? 3개월 전인 2월이라면 아직 안전권에 있었는데, 그때 미래를 예측하지 못했다면, 5월이 되어 8월에 일어날 일을 어떻게 알 수 있겠는가?"

모든 것은 어차피 나중에 갖다 붙였다고 생각한 버핏은 예측이나 다른 사람의 예상을 토대로 매매하지 않았다. 상대가 FRB(연방준비제도이사회)의 의장일 때도 마찬가지였다. 의장이 향후 금융 정책에 대해 알려주었지만, 워런 버핏은 이렇게 딱 잘라 말했다.

"내 행동에 아무런 영향도 미치지 않을 것이오."

진정으로 알아야 하는 것은 '예측'이 아니라 '기업의 장기적 가치' 바로 그것이 워런 버핏의 변함없는 신념이다.

'예측'보다 '기업의 장기적 가치'를 파악해야 한다.

40 정보만 믿으면 판단을 그르친다
정보의 진위를 살펴 잘못된 정보에 영향받지 않도록 한다

정보의 진위를 판단한다

투자로 성공하려면 많은 정보를 입수하여 분석해야 하는데, 그런 한편 '정보만 믿으면 실수할 수 있다'라는 것 또한 사실이다.

일본의 전설적인 투자자 중 한 명인 고레카와 긴조는 매일 수많은 정보를 다루었는데, 이 중에는 '거짓'이나 '가짜'도 많아서 **어떤 정보가 맞는지 판단하는데 많은 시간을 할애했다.**

그런데 사람들은 대체로 '내부 정보'나 '극비 정보'라고 하면 곧바로 이를 맹신하여, '잘못된 정보'에 편승해 매매를 진행하는 경우가 많다.

소문도 투자도 일분의 진실이 있다고 믿기 쉽다

예전에 워런 버핏은 죽어서 천국에 가게 된 유전 개발 업자의 이야기를 한 적이 있다. 그는 천국에 갈 자격은 있었는데, 천국행 엘리베이터가 만석이라 탑승이 불가하다는 말을 듣자 손을 메가폰처럼 만들어 입에 대고, "지옥에서 유전이 발견되었어요!"라고 소리쳤다.

이 말에 엘리베이터에 타고 있던 수많은 유전 개발 업자들이 뛰쳐나와 앞다투어 지옥으로 달려갔다. 자리가 났으니 엘리베이터에 타라는 말을 들은 유전 개발 업자 또한 천국이 아니라 지옥으로 향하며 아래와 같은 말을 남겼다.

"소문이라고 해도, 한 줌의 사실은 있으니까요."

이처럼 **인간은 소문에도 한 움큼의 진실이 있으리라 믿으며, 이는 투자에서도 마찬가지**라고 워런 버핏은 충고한 것이다.

진짜 '내부 정보'나 '소문'이라면 때로는 이익으로 이어질 수도 있지만, 수상한 정보도 많아서 쉽사리 이를 믿고 휘둘리면 뼈아픈 실패를 겪을지 모른다.

정보의 진위는 항상 '자신의 머리'로 확인하도록 하자.

정보의 진위 여부는 항상 자신의 머리로 따져봐야 한다.

41 주위의 평판을 곧이곧대로 믿지 않는다
괜찮다는 확신이 없다면 투자하지 말라

자신이 괜찮다고 확신하지 않는다면 투자해서는 안 된다

세상에는 많은 사람이 인정하는 '좋은 기업'이 있다. 그렇지만 그것이 반드시 '여러분이 투자해야만 하는' 이유가 되지는 않는다.

워런 버핏은 1951년에 컬럼비아대학교 대학원을 졸업했다. 당시 미국에서 누구나 들어가고 싶어했던 기업은 US스틸이었다. 그런 대기업에서 안정적인 직무를 맡고 싶다는 것이 버핏의 동기들이 가진 공통적인 생각이었다. 그러나 워런 버핏은 이런 의문을 가졌다.

"US스틸이 좋은 기업인지 아닌지에 대해 고민한 동기는 한 명도 없을 것이다. 분명 그 회사는 대기업이었지만, 그들은 자신이 어떤 열차에 탑승할지에 대해 진지하게 생각하지 않았다."

기업의 내부를 들여다보고 납득해야 한다

예컨대 투자할 때도, 누구나가 알고 있는 대기업이라면 '분명 괜찮다'라고 확신하고, 급성장 중인 IT기업을 보면 '앞으로도 계속 성장할 것이 분명하다'라고 믿는 사람이 많은데, 정말로 그럴까?

중요한 것은 '주위의 평판'이 아니라 '그 기업의 내부를 잘 알고 있어야 한다'라는 점이다. US스틸은 자타공인의 대기업이지만, 그 기업에 취업하는 것이 자신에게도 좋은지 어떤지는 완전 다른 문제이다.

이와 마찬가지로, 대기업이니까 '안심'할 수 있다고 모두가 입을 모으더라도, 그 이유만으로 투자 판단을 내리면 안 된다. 그 기업에 투자할지에 대한 여부는 기업 내부를 조사해보고 자신이 '우수한 기업'이라고 확신이 든 후에 결정해야 한다. 다른 사람들이 말하는 '분명 괜찮다'를 맹신하지 말고, 스스로가 '괜찮다'라고 확신할 수 있을 때까지 조사해보고 비로소 투자 결단을 해야 한다.

확신이 들 때까지 조사하고 결단한다.

42 돈을 벌 기회는 두뇌에서 나온다
성장 가능성이 있는 분야라고 모든 기업이 살아남는 것은 아니다

완전히 성숙한 시장이란 없다

지금 존재하는 모든 산업 분야에 대한 '현재 상황'과 '해당 분야의 장래성' 등을 분석하려는 사람들이 있다. 그들은 '이 분야는 앞으로도 높은 성장 가능성이 있고, 이 분야는 쇠퇴하는 길목에 있다'라는 식으로 말한다.

이것이 과연 사실일까. 마케팅의 거장인 필립 코틀러(Philip Kotler)는 '완전히 성숙한 시장이란 존재하지 않으며, 필수품(commodity) 또한 존재하지 않는다'라고 말했다. 시장이 성숙했다고 여겨지더라도 거기에 혁신을 일으키는 기업이 나타나 새로운 수요를 창출하는 일도 왕왕 있기 때문이다.

예를 들어, 스타벅스는 커피 산업에 혁명을 일으킨 바 있고, 다이슨 역시 오랜 역사를 지닌 청소기 산업에 혁신을 불러왔으며, 테슬라에 의해 자동차 산업에 전기 자동차라는 거대한 시장이 탄생했다.

시장성 있는 산업이 아니라, 기업을 찾아낸다

주식 투자 또한 마찬가지다.

예컨대, IT나 반도체 분야가 높은 성장 가능성이 있다고 하면, 사람들이 몰려들어 IT와 반도체 관련 기업에 투자한다. 그런데 이에 속한다고 해서 모든 기업이 성공하는 것은 아니다. 거품은 꺼지기 마련이며, 좋은 기업이 살아남고 나쁜 기업은 사라지게 된다.

IT의 대유행 속에서도 워런 버핏은 전통적인 기업에 투자하여 성과를 냈다.

워런 버핏은 아래와 같이 말했다.

"산업에서 기회가 생기지는 않는다. 두뇌로부터 기회가 생긴다."

요컨대, '분야'가 아니라 '우수한 기업'을 찾아내야 하며, 이를 수행하는 것이 '두뇌'라는 것이다.

43 '수파리' 사고는 투자에도 통한다
스승의 가르침을 따르기만 해서는 성공할 수 없다

스승의 의견을 전부 따를 필요는 없다

일본의 예술이나 무술에는 '수파리(守破離)'라는 사고방식이 존재한다. 처음에는 스승의 가르침을 따르며(守) 기본기를 익히고, 점차 자기 나름의 해석을 추가(破)하여 기본 틀을 넘어 크게 도약(離)하는 것을 말한다.

워런 버핏이 벤저민 그레이엄을 만난 것은 신을 만난 것과 같은 충격이었다. '올림푸스 산에서 빛을 건네주었다'라고 느낀 워런 버핏은 벤저민 그레이엄이 교편을 잡고 있던 컬럼비아대학교 대학원으로 진학하였고, 한때는 그레이엄의 회사에서 일하기도 했다.

그리고 그레이엄이 가르쳐준 원칙에 대해, "지금도 19세 때 책에서 읽은 내용을 실천하고 있다"라고 할 정도로 철저히 준수하였다.

하지만 '원칙이 전부는 아니다'라고 생각하는 것이 워런 버핏의 대단한 점이다. 버핏이 대학원을 수료할 무렵, 그레이엄은 '시장 과열이 진정된 후에 투자업계에 진출하는 게 좋다'고 조언했다.

그러나 워런 버핏은 자신의 생각을 믿고 투자업계에서 살아가기로 결심하였다. 그는 이렇게 회고했다.

"그때 내가 가지고 있던 돈은 단 1만 달러였다. 만약 그레이엄의 충고에 따랐다면, 지금도 그 1만 달러만 갖고 있을 것이다."

마지막에는 스스로 판단한다

그밖에도 그레이엄의 '숫자'만 보는 방식에 반해, 워런 버핏은 '성장 가능성' 등을 중시하였고 '분산 투자' 개념도 받아들이지 않았다. 그레이엄의 투자 원칙 중 대부분은 준수했으나 자신에게 맞지 않는 것은 과감히 취사선택하였다. 투자는 배움도 중요하지만, 마지막에는 자신의 머리로 생각해야 한다.

기본을 지키면서 마지막에는 스스로 생각한다.

44 자신에게 '좋은 기업'을 찾는다
전문가가 추천하는 기업과 자신에게 맞는 기업은 별개

성장성 높은 기업은 매력적

투자자들은 기존의 전통적인 산업보다 AI 반도체 등에서 압도적인 시장점유율을 확보한 엔비디아 같은 회사에 매력을 느낀다. 높은 성장성은 많은 이들의 눈길을 사로잡는다. 워런 버핏은 이렇게 말했다.

"새로운 산업 관련 주식을 추천하는 건 간단한 일이다. 팔아치우기도 쉬우니까. 흔해 빠진 제품에 투자하라고 영업하는 건 어렵다. 그리고 비전문가에게 난해한 제품을 판매하는 것 또한 쉽다. 손실이 생길 가능성이 있어도 그렇다. 수치적인 가이드라인이 없기 때문이다."

전문가는 자신에게 이익이 되는 기업을 추천한다

워런 버핏의 투자 방식에서는 '자신이 제대로 이해하고 있는 것'에 투자하는 것이 기본임에 반해, 증권사 등에서는 '어떤 회사고 무엇을 만드는지는 잘 모르지만, 성장성이 높으며 미래가 있을 법한' 회사를 추천하고 영업에 열중한다. 물론 그런 회사가 투자자의 의욕을 돋우기는 하지만, 리스크 또한 크다. 워런 버핏은 이런 비유를 한 적이 있다.

"머리를 잘라야 할지 말지 미용실에 물어보면 뭐라고 대답할까?"

미용실을 비판하는 게 아니다. 그러나 미용실에 가서 "머리를 자르는 편이 좋을까요?"라고 물어보면, "자르는 게 좋습니다"라고 대답할 게 뻔하다. 마찬가지로, 투자 전문가에게 "어떤 주식을 사면 될까요?"라고 물어보면, 고객의 이해 가능 여부나 수익 확실성과 무관하게 자신한테 이득이 되는 기업의 주식을 권할 것이다.

전문가에게 물어볼 때는 그가 추천하는 '좋은 기업'과 자신에게 이익이 되는 '좋은 기업'이 다를 수도 있다는 것을 유념해야 한다.

자신에게 이익이 되는 '좋은 기업'에 투자하자.

45 스스로 낸 결론에 대해 자신감을 갖자
사실과 근거에 기반한 판단과 타인의 의견은 상관 없다

다른 사람의 예측에 의존하지 말고 스스로 판단한다

지금까지 보아왔듯이, 워런 버핏은 투자업계의 수많은 전문가와 조언가에 의존하지 않고 권위자의 예측 또한 과신하지 않았으며, '어디에 투자할지'에 대해 스스로 판단하는 것을 중요하게 여겼다. 그는 이렇게 딱 잘라 말했다.

"나는 브로커나 애널리스트에게 상담하지 않으며, 스스로 생각하여 판단해왔다. 롤스로이스를 타는 사람이 지하철을 이용하는 사람한테 조언을 받는 업계는 월스트리트뿐이다."

자신의 판단에 따라 행동한다

워런 버핏이 그렇게까지 단정 지어 말할 수 있는 이유는 무엇일까.

그것은 벤저민 그레이엄의 가치관이 반영되어 있다. 그는 이렇게 말했다.

"자신의 지식과 기술에 대해 자신감을 가지고 이를 따르도록 하라. 사실에 기반한 결론을 직접 내리고 그 판단이 옳다는 확신이 들었다면, 아무리 다른 사람이 이견이나 주저하는 말을 하더라도 자신의 판단에 따라 행동하라."

이는 버핏의 '겉으로 보이는 차트보다 내면에 있는 차트'라는 사고방식과도 통한다. 주위 사람들이 자신과 정반대의 의견을 내더라도, '남의 의견과 자신의 판단은 무관하다'는 것이 그레이엄의 가치관이다.

투자할 때 '무엇이 옳은지'는 다수결로 정할 수 있는 것이 아니다. 직접 알아보고 숙고하여 낸 결론이 '사실과 근거'에 기반하였다면, 그대로 실행하면 된다. 워런 버핏이 말한 '자신의 머리로 생각한다'라는 것을 실현하려면, 때로는 주위와 의견이 다를지라도 이를 두려워하지 않는 용기 또한 필요하다.

워런 버핏의 명언 ④

 나는 어렸을 때부터 작은 스노볼을 굴리기 시작했다. 10년 정도 늦게 시작했다면, 지금쯤 산의 능선 어느 부근에 있을지는 전혀 다를 것이다. 그래서 나는 학생들에게 늘 앞장서서 가기를 권한다.

제4장

●

타이밍이 중요하다

46 기회가 올 때까지 느굿하게 기다린다
잘 모르는 주식에 투자하면 리스크로 이어진다

투자에는 '스탠딩 삼진'이 없다

투자 시에 유념해야 할 사항 중 한 가지는, 프로와 달리 일반 투자자는 매일 빈번히 주식의 매매를 할 필요가 없으며, 혹여나 전문가가 '이 주식을 사면 돈을 벌 수 있다'라고 하여 많은 사람들이 매매에 나서더라도 굳이 여기 참가하지 않아도 된다는 점이다.

워런 버핏은 자신이 좋아하는 야구에 빗대어 이렇게 말했다.

"투자업계에는 스탠딩 삼진이 없다. 투자자가 배트를 들고 타석에 서면, 시장이라는 이름의 투수가 한가운데로 공을 던진다. 예컨대, '제네럴 모터스(GM)의 주식을 47달러에 어때'라는 식으로 던지는 것이다. 만약 47달러로 사들일 결심이 서지 않았다면, 타자는 그 기회를 그대로 넘길 것이다. 야구라면 여기서 심판이 '스트라이크'를 외치지만, 투자업계에서는 아무도 그런 말을 하지 않는다. 투자자가 스트라이크를 잡히고 삼진을 당하는 건 헛스윙했을 때뿐이다."

인기 있는 주식이라고 반드시 사야하는 것은 아니다

예를 들어, 지금 미국 주식 시장에서 엔비디아나 TSMC 등의 반도체 관련 기업이 매우 인기 있는데, 그렇다고 해서 자신이 '사야만 하는 주식'인지는 별개의 문제다.

치기 좋은 공으로 보여도 마음에 들지 않으면 배트를 휘두르지 않아도 된다. 자신이 이해할 수 있는 공이 올 때까지 느굿하게 기다리는 것이다. '기회가 없어서'라고 초조한 마음에 잘 모르는 주식에 배트를 내밀게 되면 리스크로 이어질 뿐이다.

'투자에는 스탠딩 삼진이 없다'는 말처럼 유연한 자세로 대응하는 것이 투자 성공에는 필수적이다.

47 내실 있는 결단을 내리자
투자에서 올바른 판단을 계속하여 내리기는 어렵다

1년에 딱 한 번, 좋은 아이디어가 떠오르면 된다

투자에서 성공하려면 수많은 기회를 놓치지 말고 전부 자신의 것으로 만들어야 한다고 생각하는 사람이 많은데, 워런 버핏은 전혀 다른 관점에서 생각한다.

그는 그날그날의 주가 변동에 거의 눈길을 주지 않고, 투자 안건이 들어오면 이를 전부 검토하지도 않았다. 불필요하다는 생각이 들면, 말을 끝까지 듣지도 않은 채 'No'라고 대답했다. 그럼 기회를 놓치게 된다고 생각할 수도 있지만, 워런 버핏은 이렇게 말했다.

"찰리 멍거와 나는 투자에서 수백 번이 넘게 현명한 결단을 내리는 것은 불가능하다는 것을 오래전에 깨달았다. 그래서 우리는 지나치게 똑똑해지려고 하지 않고, 몇 번 정도만 현명한 결단을 내리자는 전략을 택했다. 실제로 우리는 1년에 딱 한 번 좋은 아이디어가 떠오르면 그걸로 만족한다."

투자는 횟수보다 내용이 중요하다

이 꽃 저 꽃 옮겨 다니지 않고 작은 결단을 거듭하면서, 정말로 가치 있는 기업이 납득할 만한 가격으로 시장에 나올 때까지 기다리다가, 일단 사고 나면 되도록 오래 보유하는 것이 가장 효율적이며 수익도 크다.

워런 버핏은 학생들에게도 이렇게 조언하였다.

"나는 자신을 평생 동안 20번만 구멍을 뚫을 수 있는 천공(穿孔) 카드와 같은 존재라고 생각한다. 재무적인 결정 한 번에 한 개의 구멍을 뚫는 것이다. 그럼 사소한 일에 손을 대지 않게 된다. 또한 의사결정의 품질도 향상되고 중요한 판단도 잘 내릴 수 있게 된다."

투자에서 중요한 건 횟수가 아니라 그 내용 및 품질이다.

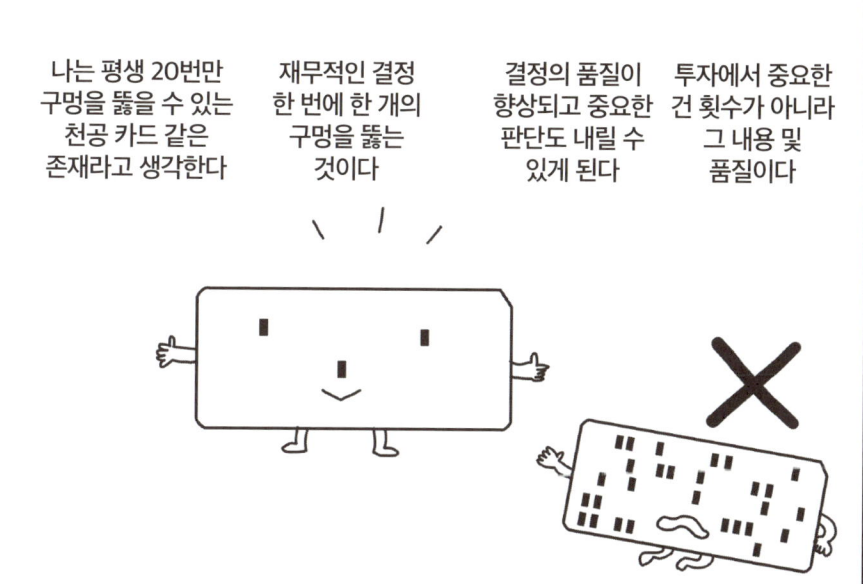

투자는 결단의 횟수보다 그 품질이 중요하다.

48 아이디어가 있을 때만 행동한다
휴장도 중요하다

주식으로 매번 돈을 벌기는 어렵다

투자 기회는 얼마나 있을까. '기회는 언제든지 굴러다니고 있다'라는 사람도 있고 '끊임없이 기회만 쫓아다니기는 무리다'라는 사람도 있다.

1929년 미국 주식 시장을 강타한 대공황, 그 방아쇠를 당겼다고 하는 '전설적인 투기왕' 제시 리버모어(Jesse Livermore, 1877~1940, 월스트리트 역사상 가장 위대한 개인 투자자로 불리며 별명은 '월가의 큰 곰')는 "쉼 없이 주식 투자로 승부를 걸면서, 계속하여 승리를 쟁취하는 것은 불가능하며 그렇게 해서도 안 된다"라고 말하며, 자신이 가진 주식을 여러 번 현금화하였고 주식 거래를 하지 않는 기간을 갖기도 했다. 그는 쉬지 않고 주식 시장에서 거래를 할 수 있을 정도로 인간의 두뇌와 정신은 강인하지 않다고 보았다.

'주식 시장의 길은 팔고, 사고, 쉬는 세 갈래로 되어있다'라는 유명한 격언이 있는데, 이는 투자업계의 선배들이 공통으로 하는 충고이기도 하다.

아이디어가 없다면 굳이 움직이지 않아도 된다

워런 버핏은 '고고 시대'가 끝나자 파트너십을 해체하고 일시적으로 은퇴를 암시한 바 있지만, 그 이외에 '긴 휴가'를 보낸 적이 없다.

그렇다고 끊임없이 주식 매매를 했는가 하면 물론 그렇지 않다. '기회가 찾아왔을 때만 행동하면 된다'라는 것이 워런 버핏의 지론이기 때문이다.

워런 버핏에게도 투자 아이디어가 용솟음치는 시기가 있는가 하면, 아무것도 떠오르지 않는 시기도 있다. 만약 아이디어가 번뜩였다면 실행하면 되고, 전혀 떠오르지 않는다면 굳이 행동하지 말고 다음 기회를 기다리면 된다. 그것이 워런 버핏의 사고방식이다.

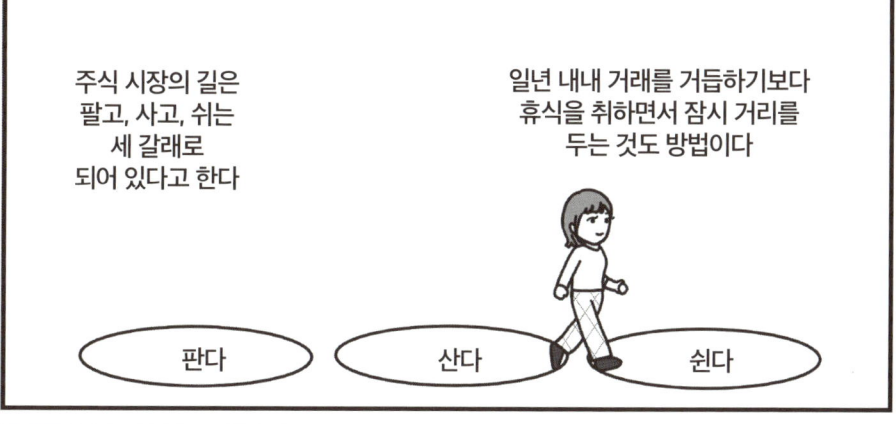

49 '매도 시점'은 스스로 생각한다
팔아야 할 타이밍을 놓치면 얻을 수 있었던 이익을 잃게 된다

매도 시점을 파악한다

주식 투자에서 어려운 것이 '언제 팔아야 할지'이다. 보유 중인 주식이 오르면 언제든 팔아서 이익을 낼 수 있는데, '좀더, 좀더'라는 욕심이 생겨서 타이밍을 놓치고 오히려 갑자기 급락하여 이익은커녕 손해를 보게 되는 경우가 많다.

혹은 주가 하락으로 다른 사람들이 황급히 매도에 나서는 것을 보고 자신도 급히 팔아치웠는데, 이후 주가가 올라서 그때 꾹 참고 팔지 않았다면, 이득을 볼 수 있었던 경우도 왕왕 있다.

섣불리 작은 이익을 챙기려 들지 말자

워런 버핏은 11세 때 조그마한 사업을 벌여 120달러 정도의 돈을 모았다. 그는 그 돈으로 누나인 도리스와 함께 시티 서비스의 주식을 3주 매입했는데, 당시 1주당 주가가 38달러 25센트로, 3주면 114달러 75센트였다.

그때 워런 버핏은 시티 서비스가 어떤 회사인지 잘 몰랐고, 아버지가 고객에게 해당 주식을 추천했다는 이유로 이를 구매한 것이다.

그런데 6월이 되자 주가가 27달러로 떨어졌다. 도리스는 연일 버핏에게 이를 불평하였고, 책임을 느낀 버핏은 주가가 40달러로 회복하자마자 매각하여 5달러의 이득을 보았다.

도리스는 이에 만족하였으나, 버핏은 이후에 이 회사의 주식이 202달러까지 치솟은 것을 보고 '당황한 나머지 숙고하지 못하고 작은 이득만 취하려고 하지 말자'라는 교훈을 얻었다.

도리스가 무슨 말을 하든 꾹 참고만 있었어도 492달러의 이득을 볼 수 있었던 상황이라, 버핏에게는 절대로 잊지 못할 실패 사례로 남았다. '인내의 대가로 돈을 번다'라는 말이 있듯이, 매매의 타이밍은 스스로 심사숙고해서 정해야 한다.

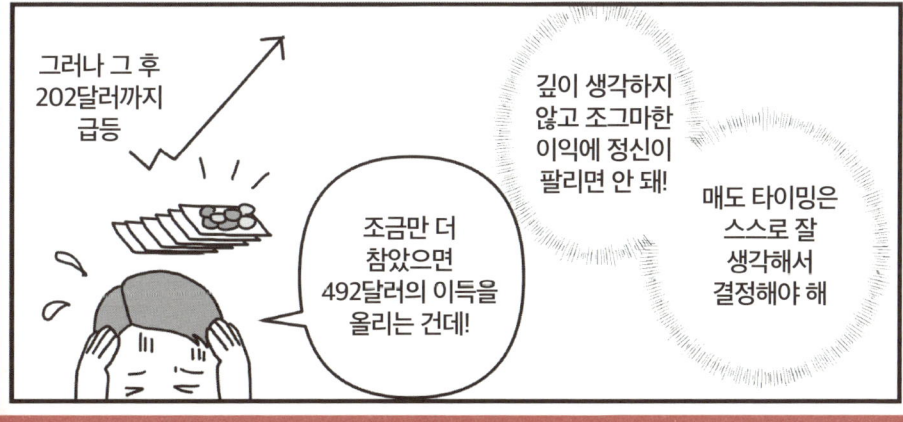

50 평소에도 업계 지식을 공부한다
지식을 갖추면 주식을 살 때 시간 낭비가 생기지 않는다

시간을 들여 기업을 조사할 필요는 없다

워런 버핏의 투자 원칙 중 하나는 '잘 알고 있는 기업에 투자한다'는 것이다. 그러나 이를 위해 시간을 들여 엄밀히 조사할 필요까지는 없다.

버크셔 해서웨이의 주주총회에 참가한 투자자 한 명이 버핏에게 중국의 국영 석유회사인 페트로 차이나에 투자했을 당시 연차보고서 하나만 읽고 결정한 게 사실인지 묻자, 워런 버핏은 이렇게 답했다.

"당신을 만나러 온 사람의 체중이 150~180킬로그램 사이였다면, 곧바로 그 사람이 뚱뚱하다는 사실을 알 수 있을 것입니다. 주식을 살 때 분석을 너무 깊이 하는 것은 시간 낭비입니다. 소수점 아래 3자리까지 계산하는 것도 좋은 생각이라 할 수 없습니다."

버핏은 페트로 차이나가 관련된 석유 산업에 대해 자세히 알고 있었기 때문에, 2년 치의 연차보고서를 읽고서 이 회사의 '가치'를 1,000억 달러라고 책정했다. 한편, 주식 시장에서의 시가총액은 350억 달러였다.

평소에도 업계에 대해 공부한다

시가총액과 기업 가치 사이의 차이가 그만큼 크다는 것을 파악했다면, 경영진에게 연락할 필요도 없고 세세한 분석도 할 필요 없다. 워런 버핏은 이 회사의 주식을 4억 8,800만 달러분 매입하여 1.3%의 지분을 획득했고, 몇 년 후에 이를 40억 달러에 매각하여 큰 이익을 냈다.

평소에도 업계에 대해 공부하고 기업의 데이터를 봐둔다면, 투자 결정은 단 '5분'만에도 할 수 있다는 것이 워런 버핏의 방식이다.

그리고 기회라고 판단했을 때는, 시간 낭비하지 말고 바로 행동에 옮기는 것이 이익을 창출한다.

평소에 지식을 축적하면 망설이지 않고 판단할 수 있다.

51 절호의 '타이밍'에 투자한다
다른 사람의 성공 사례는 어디까지나 당시에 타이밍이 맞아 가능했던 것

성공을 손에 넣으려면 타이밍도 중요

투자뿐만 아니라 성공에는 재능과 노력 이외에 타이밍도 중요하다. 페이스북의 공동 창업자인 더스틴 모스코비츠(Dustin Moskovitz)는 이렇게 말했다.

"마크 저커버그는 '야심 가득한 천재'이면서 '절호의 타이밍과 절호의 상황'에 나타났기 때문에 대성공을 거두었다."

페이스북이라는 서비스는 너무 빨리 등장했어도 너무 늦게 나왔어도 실패했을 것이며, 인터넷 환경을 포함하여 시기가 마침 무르익었을 때 출시되었기 때문에 전 세계를 지배했다는 것이다.

남이 성공했다고 자신도 성공한다는 보장은 없다

투자에서도 마찬가지로 '타이밍'이란 것이 있다. 초보 투자자는 대부분 TV나 잡지에서 '투자의 시대'가 왔다고 치켜세우고 주위 사람들도 투자에 뛰어드는 것을 보고 '그럼 나도 해야지'라면서 투자를 시작하게 되는데, 그런 식으로 '남들이 다 할 때'는 이미 타이밍이 늦은 경우가 많다.

워런 버핏은 말했다.

"지난주에 누군가 해서 잘 됐다고 이번 주 내가 해서 성공하리라는 보장은 없다."

유튜브 등을 보면 '나는 이렇게 해서 주식으로 돈을 벌었다'라는 식의 영상이 많고, 유명인의 성공 사례도 찾아보기 쉽지만, 동시에 그런 성공은 어디까지나 그때 마침 타이밍이 맞았던 것이며, 지금 자신이 이를 똑같이 따라 해서 성공한다는 보장은 없는 것이다.

투자의 타이밍은 '주위를 보고' 하는 것이 아니라, '직접 보고 판단하여' 포착해야 한다.

투자의 타이밍은 자신의 눈으로 직접 보고 판단한다.

52 원칙을 충실히 지키면 실적은 오른다
스스로 정한 규칙을 확실히 실천한다

자기만의 방식으로 기회가 오면 투자한다

워런 버핏의 투자에는 자신이 잘 알면서 '간단한 것을 하라'는 기본 규칙이 있다. 예측하기 어려운 비즈니스에 투자하여 리스크를 늘리지 말고, 자기가 잘 알고 이해할 수 있는 간단한 비즈니스를 추려내어 투자하면 된다는 것이다.

하지만 투자는 야구처럼 성적을 겨루는 시합 같은 것이 아니라, 안타를 양산해 낼 필요도 없거니와 홈런왕이 되기 위해 장타를 노릴 필요도 없다. 타석에 서면 자신만의 방식으로 '노리는 공'이 왔을 때만 배트를 휘두르면 된다.

워런 버핏의 친구인 월터 슐로스(Walter Schloss, 1916~2012, 미국의 투자자로 벤저민 그레이엄의 제자)는 책자에서 필요한 지표를 찾아내고 연차보고서를 살펴보면서, "1달러의 가치가 있는 사업을 40센트로 살 수 있다면 뭔가 내게 좋은 일이 일어날지도 몰라"라고 믿고, 100개 이상의 종목에 분산 투자를 했다. 슐로스는 이 방식을 충실히 반복하여 훌륭한 운용 실적을 내는 데 성공했다. 버핏은 슐로스를 칭찬하며, "우리 모두 월터의 운용 스타일을 본받아야 한다"라고 말했다.

착실히 성과를 올리는 것이 중요하다

투자자 중에는 거창하고 화려한 거래를 선호하는 사람도 있다. 이를 통해 '시대의 총아'로 떠받들어진 사람도 있는데, 중요한 것은 화려함보다 견실함이며, 착실히 실적을 올리는 것이다.

성급하게 굴지 말고, 원칙에 따라 충실히 해야 할 일을 철저하게 반복하면 뛰어난 성과를 거둘 수 있다. '스스로 정한 방식'을 '내가 할 수 있는 범위 내에서' 착실히 해 나가는 것이 매우 중요하다.

스스로 정한 방식을 자신이 할 수 있는 범위 내에서 착실히 해나간다.

53 경제 위기 속에서도 기회는 온다
하루에 몇 시간 이상 기업 분석을 수행한다

기업의 성과를 느긋하게 기다린다

워런 버핏의 투자 스타일은 다른 투자자처럼 매일매일 주가 변동을 체크하면서 매매를 반복하지 않고, '일단 우량 기업에 투자하고 나면 기다릴 뿐'이다. 그리고 변덕스러운 주가를 신경 쓰지 않고 그 기업이 성과를 낼 때까지 느긋한 마음으로 기다리는 것이다.

위기 상황에 직면해도 냉정히 기회를 노린다

그는 주식 시장 관계자들이 모두 겁을 집어먹고 있었을 때도 일관된 태도를 유지했다.

1998년, 워런 버핏과도 인연이 깊은 존 메리웨더(John Meriwether)가 설립한 LTCM(Long Term Capital Management)이 아시아 금융 위기와 러시아 재정 위기의 영향으로 붕괴 직전에 몰렸다. 이 회사는 미국과 유럽의 금융기관으로부터 유치한 투자 자금을 토대로 25배의 레버리지를 걸어 운용하였고, 1조 달러 이상의 거래 계약을 체결하고 있었다.

따라서 만약 이 회사가 파산하면 전 세계의 금융 시장에 큰 충격을 주고 공황에 빠질 우려가 있었다. 워런 버핏은 이때 어떤 행동을 취했을까?

"LTCM의 위기 상황에서 기회 또한 산더미만큼 있다는 것을 알았기 때문에, 우리는 매일 8~10시간 동안 자료를 읽고 숙고하였다."

이 시기에 '읽고 숙고하는' 시간을 가진 사람은 월스트리트는 물론 다른 나라의 금융 중심지에 아무도 없었을 것이다. 그런데 워런 버핏은 위기 상황에서도 냉정하게 기회를 노리고 있던 것이다.

위기에 빠져도 냉정하게 자료를 읽고 숙고하며 다음 기회를 기다린다는 점이 버핏의 진정한 강함이라 할 수 있다.

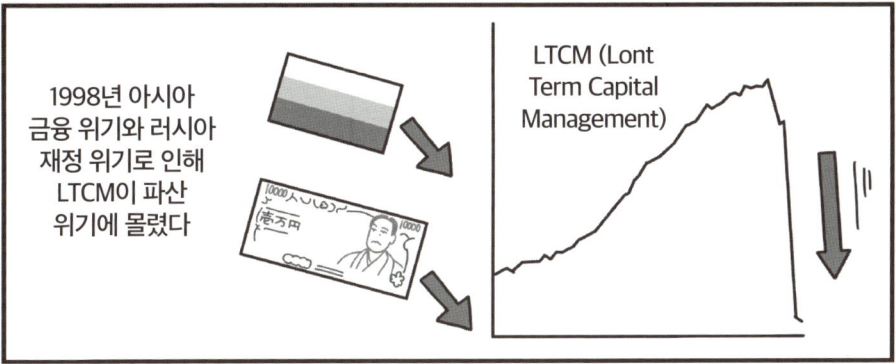

54 투자 여력이 있으면 기회를 잡을 수 있다
언제나 자금적, 심리적 여유를 갖도록 한다

투자에는 자금과 용기가 필요

투자로 성공하려면 '자금과 용기가 필요하다'라는 것이 벤저민 그레이엄의 지론이다. 어떤 기업의 주가가 급락하자, 사람들은 '전년 대비 순이익이 감소했어', '전체적으로 시장이 침체 상황이다'라며 이유를 찾기 급급했지만, 그레이엄은 그것이 전부 일시적인 현상이므로 무시해도 된다고 말했다.

그리고 "자금과 용기가 있다면 싼 가격으로 나왔을 때 사들여야 한다"라고 주장하였는데, 실제로 이듬해에 그 회사의 주식은 크게 올랐다.

워런 버핏 또한 이에 동의하면서 이렇게 말했다.

"위기 상황에서도 현금과 용기만 있다면, 미래는 헤아릴 수 없다."

2000년에 IT 거품이 꺼지면서 주가가 폭락하자 투자자들은 대부분 다음에 어떻게 해야 할지 모르고 갈팡질팡했다. 그러나 워런 버핏은 '시가총액과 기업 가치의 차이를 중시하기 때문에' 값싸게 나온 우량 기업의 주식을 차례로 매입했다. 비록 시장을 비관론이 지배하는 상황일지라도, 손에 현금을 쥐고 있고 가슴 속에 용기만 있다면 기회를 잡을 수 있다.

기회를 잡으려면 여유를 갖자

워런 버핏은 현금을 되도록 많이 수중에 보유해야 한다고 누차 역설한 바 있는데, 투자로 성공한 사람들 또한 '항상 여유 자금을 갖고 있어야 한다', '아무리 자신이 있더라도, 한 번에 자금을 투입하지 말고 두 번에 걸쳐 나누어 투자해야 한다'라고 말했다.

그 이유는, 수중에 '투자 여력'이 없으면, 문제가 발생했을 때 대응할 수 없으며, 기회라는 걸 알아도 움직일 수 없기 때문이다. 기회를 잡아서 내 것으로 만들기 위해서는 늘 수중에 자금을 두고 있어야 한다.

여유가 없으면 문제가 생겼을 때도 기회가 왔을 때도 대응할 수 없다.

55 관심 있는 기업을 계속하여 주시한다
끊임없이 정보를 수집하여 절호의 타이밍에 투자한다

연차보고서를 보고 투자할 기업을 정한다

워런 버핏은 매년 수천에 달하는 회사의 결산서와 연차보고서를 읽는 것을 습관으로 삼아왔다. 그리고 '이 회사다'라는 생각이 들면, 곧바로 행동으로 옮겼다. 연차보고서를 읽고서 자신이 잘 아는 분야 및 기업일 경우, 세세한 계산이나 조사는 생략하고 투자 여부를 판단하는 것이 버핏의 방식이다.

'싸게 사서 이득 볼 정도'가 될 때까지 기다린다

워런 버핏이 읽는 연차보고서는 자신이 투자하는 기업뿐만이 아니다. 관심 있는 기업은 전부 읽어 보고 주시한다. 워런 버핏은 또한 미국의 철도 회사인 BNSF(Burlington Northern Santa Fe Railway) 및 IBM도 오랫동안 지켜본 후 최종적으로 투자에 이르렀다.

2011에 진행한 인터뷰에서 그는 이렇게 말했다.

"(BNSF의) 연차보고서를 30~40년 정도 읽어왔지만, 그동안은 아무것도 하지 않았다. 몇 년 전에야 마침내 주식을 매입했다."

"IBM의 연차보고서를 50년간 매년 읽었는데, 올해는 읽고 나서 IBM이 앞으로도 경쟁력을 유지할 것이라는 확신이 들었다."

워런 버핏은 수많은 연차보고서를 훑어보고 관심 있는 기업을 쭉 주시한다.

그리고 만약 그 기업의 주식이 '싸게 사서 이득 볼 정도'가 되면 단숨에 행동에 나선다. '기회는 지금'이란 뜻이다.

반복하여 말하지만, 투자업계에 스탠딩 삼진이란 없다. 확신이 들 때까지, 싸게 사서 이득을 볼 정도가 될 때까지, 절호의 타이밍이 올 때까지 기다리는 것이 워런 버핏의 방식이다.

56 시장의 판단은 나와 무관하다
투자 타이밍은 어디까지나 스스로 정한다

일본 기업의 미래는 비관적이었다

2011년 11월, 워런 버핏이 초경합금구 업체인 탕가로이(TUNGALOY)가 후쿠시마현 이와키시에 신설한 공장의 준공식에 참석차 처음 일본을 방문했을 때의 일을 82페이지에서 다룬 바 있는데, 당시 일본 기업을 둘러싼 환경을 고려하면 매우 놀라운 일이 아닐 수 없다.

당시 일본 기업을 둘러싼 환경은 매우 척박하여, 급격히 엔고가 진행되면서 달러와 유로화의 환율이 떨어짐에 따라 그동안 수출의 텃밭이었던 유럽 및 미국 시장에서 이익을 내기 힘든 구조로 변모했다.

한국 및 중국, 대만 기업의 성장 또한 두드러져, 일본 기업의 국제 경쟁력은 지속적으로 저하하였으며, 동일본 대지진의 여파로 모든 이가 일본 기업의 미래에 대해 비관론을 폈다.

그러나 워런 버핏은 일본을 방문하여 아래와 같이 말했다.

"일본인과 일본 산업에 대한 내 관점은 달라지지 않았다." 그렇다 치고 "만약에 내일 일본의 대기업에서 내게 전화가 와서, 버크셔 해서웨이에 매수 신청을 한다면 곧바로 비행기를 타고 날아오겠다."

투자 타이밍은 시장이 아니라 스스로 정한다

만약 워런 버핏이 '싸게 사서 단기로 비싸게 파는' 소위 '벌처펀드(Vulture Fund)'를 의도했다면 그 말을 있는 그대로 받아들이기 어려우나, 우리는 그의 기본 투자 철학이 장기 보유라는 것을 알고 있으므로, 위 발언은 일본 기업에 대한 '신뢰'라고 할 수 있다. 마침내 2020년 8월에 워런 버핏은 일본 5대 상사에 투자를 집행하고, '일본의 미래에 버크셔 해서웨이가 함께 하게 되어 기쁘다'고 말한 바 있다.

버핏에게 투자 타이밍은 시장이 어떻게 판단하느냐와 무관하며, '스스로 정하는 것'이다.

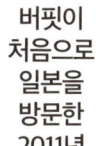

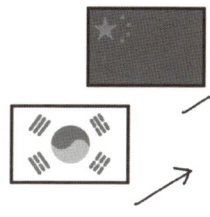

워런 버핏의 명언 ⑤

비즈니스 업계에서 좋은 소식은 저절로 잘 풀리기 마련이다.

제5장

시장을 대하는 관점

57 주위가 움츠러드는 하락세가 기회
앞으로 투자를 하려는 사람은 하한가인 주식을 사면 된다

똑같은 행동을 하더라도 기회는 찾아오지 않는다

'내가 강세일 때는 남들도 강세이며, 내가 약세일 때는 남들도 약세다'라는 말이 있는데, 이는 에도 시대의 전설적인 투기꾼인 혼마 소큐의 명언으로, 인간의 본성을 잘 나타내며 어느 시대에서든 통한다. 주식 시장 또한 이와 같아서, 모두가 똑같이 생각하고 행동하기 마련인데, 다른 사람들과 똑같은 행동을 하면 결코 큰 기회를 잡을 수 없다.

시장이 하락한다고 해서 손실만 있는 것은 아니다

주식 시장이 하락하면 사람들은 대부분 매도에 나서는데, 워런 버핏에 따르면 '시장 침체, 투자자 손실 발생'이라는 헤드라인을 보고 웃음을 참지 못하는 사람도 있다고 한다. 그 이유는 '시장이 하락하면 투자를 회수하려는 사람들에게는 손실이 발생하지만, 앞으로 투자를 하려는 사람에게는 이익이 되기' 때문이다.

워런 버핏이 파트너십을 해산한 후, 1970년대에 들어 많은 기업이 주식 시장에서 저평가되면서 싸게 나와, 그는 막대한 이익을 얻었다.

1973년부터 워런 버핏은 살로몬 브라더스를 주간사로 하여 2,000만 달러의 자금을 조달했는데, 이 자금을 기반으로 저가의 주식을 매입하였다. 그리고 '포브스'와의 인터뷰에서 '지금이야말로 돈을 벌 기회다'라고 선언했다.

워런 버핏은 이렇게 말했다.

"다른 사람이 탐욕적일 때는 몸을 사리고, 주위가 주저하고 있을 때는 탐욕스럽게"

다른 사람과 똑같은 행동을 해봤자 성공할 수 없다. 워런 버핏은 다른 투자자들이 손실을 두려워하는 하락세가 이익을 낼 절호의 타이밍이라고 생각했다.

다른 사람과 똑같은 행동을 해봤자 투자에 성공할 수는 없다.

58 '무슨 일'이 벌어졌는지 주목한다

시기는 예측할 수 없으나 언젠가는 무슨 일이 생긴다는 것을 평소에도 각오해둔다

무슨 일이 일어날지 예측한다

다른 장에서도 다루었듯이 워런 버핏은 주식 시장과 경기 동향에 대해 예측하지 않는다. 하물며 주가가 어떻게 될지, 어떤 기업의 주식이 오를지 등에 대해서는 결코 입에 담지도 않는다.

실제로 파트너십을 운영하던 시절에는 이렇게 딱 잘라 말한 바 있다.

"투자 계획을 세우는 데 예측이 필요하다고 생각하시는 분은 이 파트너십에 참가하지 않는 것이 좋을 겁니다."

그렇다면 워런 버핏은 아무런 예측도 하지 않았는가 하면, 그건 또 아니다. 당시에도 이런 말을 한 적이 있다.

"언제 일어날지가 아니라, 무슨 일이 일어났는지 주목해야 한다."

예컨대, 주가가 쭉 상승하는 거품 경기 때는 '대체 얼마나 더 오를까'라고 예측하려는 사람들이 있는데, 워런 버핏은 나무가 하늘을 향해 계속 뻗어나가는 것은 있을 수 없다고 생각했다. 계속 상승하는 주가는 '언제일지는 모르지만' 반드시 상한가를 치고 떨어지기 마련이다.

'무슨 일'은 반드시 벌어진다

2007년 미국의 주택 시장에서 서브프라임 모기지 사태가 발생하기 전에, 워런 버핏은 신용 불량자에 대한 융자의 위험성과 파생상품의 취약성을 지적하며 '대변동은 갑자기 일어난다'라며 누차 경고한 바 있다.

이처럼 주식 시장에서는 '무슨 일이 일어날지' 예측하기는 쉬워도 '언제 일어날지'를 예측할 수는 없다. 치솟는 주가를 보고 시장 관계자는 '이번엔 다를 거야'라고 말하지만, 결코 '달라지지' 않는다. 투자 시에는 '언제'인지는 알 수 없지만 '반드시 뭔가 일어난다'라는 것을 평소에도 각오해 두어야 할 것이다.

59 일확천금으로 직결되는 소문이란 없다
성공 사례는 많지만, 쉽게 부자가 될 수는 없다

귀가 솔깃해지는 이야기를 들고 오는 사람은 많다

워런 버핏은 어떤 사람을 믿을 수 있는지 없는지 파악하는 요령 중 하나로 다음과 같은 방법을 제시했다. "만약 상대방이 '그건 쉽습니다'라고 말했다면, 대체로 그렇지 않은 경우가 많다. 그런 이야기는 9할 정도는 거절해야 한다."

투자업계에서는 일확천금으로 이어질 것 같은 소문이 여기저기 굴러다닌다. 개인 상대로는 적은 돈으로도 부자가 될 수 있다고 유혹하거나 기업 상대로는 귀가 솔깃한 이야기를 제안하는 사람이 여기저기 존재한다.

1990년대의 IT 거품 최전성기에 큰 실적도 없고 흑자도 낸 적이 없는 기업이 거창한 사업 계획을 수립하여 거액의 자금을 모은 적이 있다. 이를 두고 워런 버핏은 이렇게 평가했다.

"인터넷의 탄생은 이기적인 금융업자가 속이기 쉬운 사람들의 '희망을 화폐화'하여 돈벌이를 할 기회를 제공했다."

쉬워 보일수록 더 위태하다

당시에 높은 장래성과 급성장 중이라는 기업 이미지가 큰 이익을 가져다줄 것처럼 보여서 많은 투자자로부터 자금이 모였으나, 거품이 꺼지자 거기는 아무것도 남아 있지 않았다.

워런 버핏은 말했다.

"최근 몇 년 동안, 그런 기업의 창업자와 발기인은 후안무치하게도 새들이 살지 않는 덤불을 팔아치우고 대중의 쌈짓돈을 수십억 달러씩이나 자기 주머니에 챙겨 넣었다. 투기란 쉬워 보일수록 위험한 것이다."

투자업계에는 화려한 성공담이 많아 누구나 쉽게 부자가 될 것 같이 보이지만 그럴수록 더 위험하다.

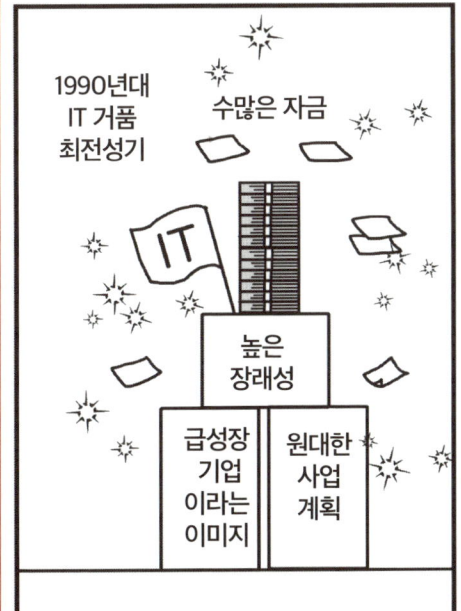

60 시장은 말도 안 되는 가격을 확인하는 장소
주가 변동에 일희일비하지 말자

하루하루의 주가 변동은 신경이 쓰이기 마련

일반적인 투자자들은 하루하루의 주가 변동을 매우 신경 쓴다. 오르면 기뻐하고 떨어지면 슬퍼하며, '이대로 갖고 있어도 괜찮을까'라며 불안해한다. 그러나 워런 버핏은 완전히 달랐다.

시장은 매일매일 주가를 체크하는 장소가 아니다

워런 버핏에게 주식 시장이란 그날그날의 주가를 보는 장소가 아니다. 정말로 훌륭한 기업이라면 투자 이후에 1~2년 시장이 폐쇄되더라도 신경 쓰지 않는다고 말할 정도로 하루의 주가 변동에 관심을 두지 않았다.

그리고 워런 버핏에게 주식 시장은 당연히 매일매일 매매를 하는 장소도 아니다. 워런 버핏의 기본 원칙은 장기 보유이며, 우량 기업이라면 영원히 보유해야겠다고 생각한다.

그럼 워런 버핏에게 시장이란 무엇일까?

그는 이렇게 말했다.

"주식 시장이란 누군가가 말도 안 되는 가격을 매기지 않았는지 확인하는 장소에 지나지 않는다. 우리는 주식 시장을 통해 기업에 투자하는 것이다."

요컨대, 투자자들 대부분은 주가 변동을 확인하면서 사고파는 곳이 주식 시장이라고 생각하지만, 워런 버핏은 능력 범위 안에 있는 기업을 추려내어 경영진이 우수한지, 강한 브랜드 파워가 있는지 알아보고, 그 기업에 주식 시장이 어떤 '가격'을 매기고 있는지 확인하는 장소이다.

주식 시장은 '가치'에 비해 너무 높거나 너무 낮은 '말도 안 되는 가격'을 매기는 경우가 있는데, 후자일 때가 워런 버핏에게는 기회가 된다.

시장은 기업에 어떤 가격을 매겼는지 확인하는 곳이다.

61 징조 없는 위기에 대비한다
채무가 있으면 위기 시에 행동하기 어렵다

급락할 때는 멀뚱하니 보고만 있기 마련

투자업계에는 '상한가를 쳤을 때 종을 울려주는 사람은 존재하지 않는다'라는 격언이 있다. 주식 투자란 하한가일 때 사서 상한가일 때 팔면 확실히 큰돈을 벌 수 있지만, 아쉽게도 '여기가 바닥입니다', '지금 천장에 닿아서 내일부터는 떨어질 거에요'라고 친절하게 알려주는 사람은 없다.

당연하게도 투자자 자신이 판단해야만 하는데, 주식 시장이란 순조롭게 보여도 뭔가 계기가 되어 급락하는 일이 왕왕 있다는 게 성가신 부분이다.

워런 버핏은 이렇게 말했다.

"신호는 때때로 파란불에서 바로 빨간불로 (노란불을 건너뛰고) 변할 때가 있다."

상한가를 치고 조금씩 떨어지면 그나마 어떻게든 대응하는데, 2024년 8월 일본 시장의 주가처럼 닛케이 평균 지수가 하루에 2,000엔, 4,000엔씩 큰 폭으로 떨어지면 대부분은 어찌할 도리가 없이 앉아서 보고 있을 수밖에 없다.

시장에는 징조 없이 위기가 벌어진다

실제로 일본 및 미국에서 이런 급락 사태가 여러 번 일어난 적 있는데, 워런 버핏은 "시장이 대폭으로 하락한 상황에서, 채무로 행동이 제한되는 사람만 아니면 좋은 기회가 찾아온다"라고 단언하였다.

워런 버핏이 과도한 채무를 싫어하는 이유는 주식 시장이 때때로 아무 징조도 없이 파란불에서 빨간불로 변할 때가 있기 때문이다.

그럴 때 과도한 채무를 안고 있으면 움직임이 제한될 수밖에 없는데, 빚이 없고 수중에 자금이 풍부하다면 위기는 오히려 기회가 될 수 있다.

채무가 없고 여유 자금이 있다면 위기는 기회가 된다.

62 인간의 심리가 투자에 영향을 미친다
과하게 욕심을 부리면 이익은커녕 손해가 늘어난다

실패의 원인을 '내 안'에서 찾는다

투자로 기대만큼의 성과가 나지 않을 때, 변덕스러운 주식 시장에 그 책임을 돌리는 사람들이 많다. 혹은 자신에게 '이 주식을 사면 100% 돈 벌 수 있어요'라며 추천한 증권사 탓을 하는 사람도 있다. 분명 그런 이유도 있을지 모르지만, 진정 투자로 돈을 벌고 싶다면 원인을 '밖'이 아니라 '내 안'에서 찾아야 할 것이다.

그러나 투자에 실패한 사람은 거품 경제의 붕괴나 리먼 사태 등, 개인의 힘으로 어찌할 도리가 없는 무언가로 인해 그렇게 되었다고 자신을 정당화하려 한다. 하지만 사실 투자는 인간의 심리가 큰 영향을 미친다.

'더 벌고 싶다'라는 욕망에 사로잡혀 끈질기게 버티다가 주가 하락으로 이익은커녕 손실을 보는 경우가 많다. 혹은 예상치 못한 손실로 인해 이성을 잃고 더 큰 손해를 보는 사람도 많다.

실패하는 이유는 세 가지

워런 버핏에 따르면 미국의 경기는 대공황과 제2차 세계 대전, 리먼 사태, 코로나 팬데믹 등의 몇 가지 부정적 요소에도 불구하고, 20세기 동안 다우존스 평균 지수는 66달러에서 1만 달러로 상승하였다. 요컨대, 장기적 관점에서 보면 우수한 기업에 투자하고 오랫동안 보유하면 이익을 내는 것이 미국 시장이며, 실패하는 사람이 많은 것은 '미국 책임'이 아니라 '투자자 자신의 문제'라는 것이다.

실패하는 이유는 시장의 변덕이 아니라 투자자 자신이 ①잘 모르는 주식에 투자, ②빚을 내가며 투자, ③단기 매매를 반복하였기 때문이 아닐까.

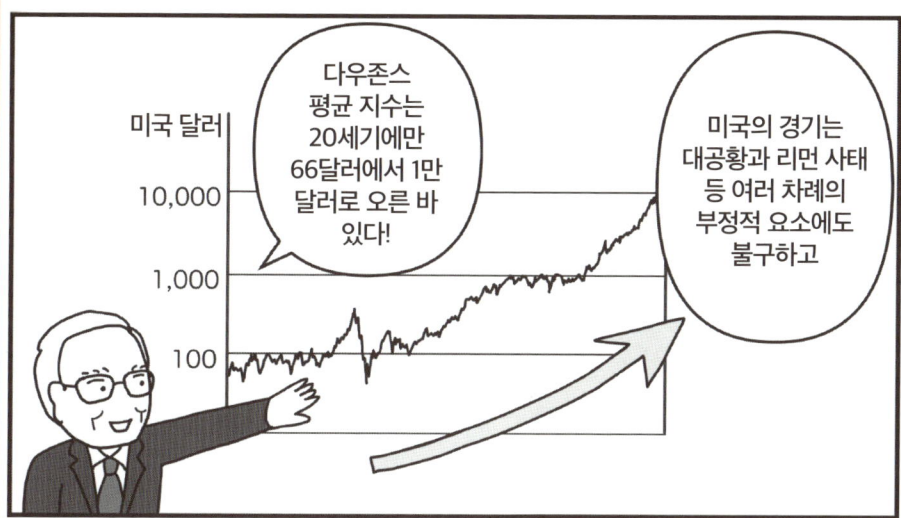

실패 원인은 투자자 자신의 문제다.

63 자신의 실력을 과신하지 말자
성공의 이면에 있는 작은 실패들을 놓치지 말고 반성한다

성공은 '운이 좋아서'라고 생각한다

파나소닉을 창업한 마츠시타 코노스케는 종종 '성공은 운이 좋았기 때문이며, 실패는 내 탓이다'라고 말했다. '내가 잘해서', '내 덕에' 성공했다고 여기면, 자신의 실력을 과신하게 되고 성공의 이면에 있는 실수를 놓쳐서, 결국 실패로 이어지게 된다는 것이다.

그렇게 되지 않으려면, 실패했을 때 다른 사람들처럼 '남 탓', '경기 탓'으로 돌리지 말고 '내 탓이오'라고 반성하고, 성공했을 때는 '운이 좋아서'라고 생각해야 한다는 것이 마츠시타 코노스케의 사고방식이다.

성공은 내가 잘해서가 아니다

워런 버핏은 지금까지 엄청난 성공을 거두면서도, 여러 차례 '운이 좋았다'라고 말했다. 부모님 덕분에 좋은 교육을 받을 수 있었고, 벤저민 그레이엄과 같은 존경할 만한 스승을 만났으며, 스스로 매우 좋아하며 잘할 수 있는 주식 투자를 평생 직업으로 가진 것을 '운이 좋아서'라며 감사한 바 있다.

주식 투자에 실패했을 때 '시장의 변덕에 휩쓸렸어', '증권사의 사탕발림에 넘어갔다'라며 다른 사람의 탓을 하고, 성공했을 때는 '역시 내가 맞았어'라며 '내 덕에'라고 자만하는데, 이를 주의해야 한다는 뜻이다.

워런 버핏은 이렇게 말했다.

"자신이 보유한 주식이 올랐어도 '내가 잘해서'라고 생각하면 안 된다. 주식은 당신이 자신을 소유하고 있다는 것을 모르기 때문이다."

워런 버핏이 말했듯이, 자신이 보유한 주식이 오르더라도 이를 자기 덕분이라고 여기지 않는 것이 투자로 성공하기 위한 기본적인 마음가짐이다.

이익을 내더라도 자신의 공적이라고 여기지 말자.

64 어떤 상황에서도 시장에서 냉정함을 유지한다
시장에는 반드시 '욕망'과 '공포'가 엄습하지만 언젠간 끝난다

'욕망'과 '공포'에는 그 끝이 존재한다

워런 버핏에 따르면, 주식 시장에서는 때때로 '욕망' 또는 '공포'라는 이름의 전염병이 유행한다고 한다.

1929년의 대공황 같은 사태가 터지면, 많은 투자자가 재산을 잃고 공포에 사로잡히게 되며, 거품 경제처럼 주가가 한없이 치솟고 많은 이들이 부귀영화를 손에 넣으면 '도취한 사람들'이 더 눈에 띄게 된다.

일본에서 거품 경기가 한창일 때는 수많은 평범한 직장인들이 주식 및 부동산 투자에 뛰어들었으며, '본업보다 투자 이익이 더 크다'라고 호언장담하던 경영자도 많았다.

그 이유를 워런 버핏은 이렇게 설명했다.

"강세장(bull market, 투식 시장이 지속적으로 상승하는 추세로, 투자 심리가 낙관적이고 경제 성장 기대감이 높을 때 발생)만큼 사람들을 신나게 투자에 나서게 만드는 것은 없다. 강세장일 때는 투자처에서 시원찮은 성과를 내더라도 투자자들이 이익을 볼 수 있기 때문이다."

강세장에서는 사람들이 '욕망'에 사로잡히고, 평소에 투자와 인연이 없이 살아온 사람도 주식 시장에 뛰어든다. 그러나 영원히 주가가 기업 가치보다 훨씬 높게 과대평가되지는 않는다. 언젠가는 끝이 찾아오기 마련이다.

언제 끝날지는 예측할 수 없다

누차 말했듯이, '언제 끝날지' 예측할 수 없는 것처럼 '욕망'과 '공포'가 언제 유행하고 언제 수습될지에 대해 예측하는 것도 불가능하다. 주식 시장은 종종 이렇게 열광과 공포에 지배당할 때가 있으며, 투자자들은 '냉정함을 유지하는' 마음가짐을 가져야 할 것이다.

65 인터넷과 AI를 잘 이해한다
인터넷은 편리하지만 때로는 시장의 혼란을 초래한다

경영에는 인터넷이 중요하다

워런 버핏은 애플 이외에는 '능력 범위 밖'이라며 IT 관련 기업에는 투자하지 않았다. 그렇다고 해서 인터넷에 관심이 전혀 없었던 것은 아니다.

보험회사 가이코는 워런 버핏에게 특별한 존재였다. 그가 학생일 때, 가이코를 방문하여 임원과 대화를 한 후, 회사의 장래성을 확신하고 그 자리에서 투자를 결심했다. 그 후 한동안 교류는 끊어졌으나 워런 버핏은 가이코를 계속 주시하고 있었고, 1976년에 가이코가 경영 위기에 빠지자 이를 구하기 위해 힘을 기울였으며, 1996년에는 주식을 전부 취득하며 버크셔 해서웨이의 산하로 편입시켰다.

가이코의 투자 실적은 충분했지만, '온라인 자동차보험 판매' 부문에서 경쟁사에 뒤지고 있다는 점이 유일한 불안 요소였다.

'인터넷을 제압하는 자가 전투를 제압한다'라고 생각한 워런 버핏은 마이크로소프트 출신으로 버크셔 해서웨이의 이사직에 있던 사람을 가이코로 파견하여 인터넷 판매 부문의 강화를 추진하였다.

인터넷의 위협

워런 버핏은 인터넷의 힘이 강하다는 것을 알았고, 한편으로 그 위협 또한 인식하였다. 일전에 일본에서도 숫자 입력 착오로 주식 시장에 혼란이 생긴 일이 있었는데, 워런 버핏은 '아침에 일어나서 전날 1조 엔을 1,000조 엔으로 잘못 입력한 걸 깨달은' 꿈을 꾸었을 정도로 불안해했다.

시장과 인터넷, AI는 이제 떼려야 뗄 수 없는 관계가 된 이상, 투자자는 그것이 투자 대상이든 아니든, 인터넷과 AI가 가진 강점과 약점을 확실히 이해해야 할 것이다.

66 실제로 투자를 하면서 시장과 정면으로 마주한다
자신이 가진 자금을 이용하여 투자에 적성이 있는지 판단한다

실천 없는 성공은 없다

'다다미 위에서 수영 연습'이라는 속담이 있다. 다다미 위에서 아무리 수영 연습을 해봤자, 실제로 물에 들어가면 아무 도움이 되지 않는다는 뜻이다. 요컨대, 이론이나 방법만 공부하면 소용없으며 실천이 중요함을 강조하는 것이다.

투자도 이와 마찬가지로, 워런 버핏은 읽고 배우는 것도 좋지만 실천이 가장 중요하다고 생각했다. 그는 이렇게 말했다.

"적은 금액이라도 우선은 투자를 직접 해보길 바란다. 독서만 해봤자 소용없다."

그 이유는 두 가지이다.

첫 번째는 워런 버핏이 어렸을 때 읽은 '1,000달러를 버는 1,000가지 방법'에 쓰여 있듯이 '직접 해보지 않으면 성공할 수 없기' 때문이다. 그는 되도록 빨리 투자를 시작하고, 되도록 앞장서서 가야 한다고 생각했다.

시장과 정면으로 마주하는 방법을 이해한다

두 번째 이유는 실제로 자기가 가진 돈을 쓰면 '내가 투자에 적성이 있는지 아닌지'를 알 수 있기 때문이다.

예컨대, 장기 투자를 목표로 삼았는데 주가가 크게 하락하자 당황하여 단기 투자자가 되어 아주 적은 이익만 났거나 혹은 손해를 봤다고 하자.

이 사람은 주식 시장에서 오랫동안 기다림을 통해 얻을 수 있는 장점과 중요성을 머리로 이해하고 있지만, 막상 자신의 주식이 떨어지자 이를 까맣게 잊고 말았으며 어쩌면 주식 투자와 적성이 맞지 않는 것일 수도 있다.

시장과 마주하는 방법을 진정으로 이해하려면, 책만 읽지 말고 직접 자신의 돈을 투자해봐야 할 것이다.

시장과 마주하는 방법은 실천을 통해 알 수 있다.

워런 버핏의 명언 ⑥

 비용이 저렴한 인덱스 펀드(index fund, S&P500 등의 특정 주가지수를 추종하여 소극적으로 자산을 운용하는 펀드)를 장기간 매입하고 보유하기를 추천한다. 다른 사람들이 움츠러들었을 때는 탐욕스럽게, 다른 사람들이 탐욕스러울 때는 조심스럽게 한다. 단, 시장을 따돌릴 생각은 삼가야 한다.

제6장

인간적이고 바람직한
습관을 들인다

67 좋은 습관은 성공을 위한 큰 힘이 된다
올바른 사고를 하는 습관을 들이는 것은 투자 원칙과 마찬가지로 중요

인간은 습관에 따라 행동한다

주식 투자로 성공하기 위해서는 당연히 투자에 대한 지식과 기술이 필요하다. 하지만 워런 버핏은 계속하여 성공하려면 인간적이고 바람직한 습관을 들이고 이를 잘 지키는 것이 중요하다고 생각했다.

그는 부모로부터 좋은 가치관과 긍지를 가지고 살아가는 법을 이어받았고, 우수한 교육을 받을 기회 또한 가질 수 있었지만, 그 후에도 스스로 바람직한 습관을 들이기 위해 노력해왔다. 워런 버핏은 이렇게 말했다.

"인간은 습관에 따라 행동하므로, 올바른 가치관과 태도를 되도록 젊을 때 몸에 배도록 해야 한다."

올바른 가치관과 태도가 습관이 될 때까지 계속 의식하도록 한다

워런 버핏은 정치가 겸 과학자로서 미국 독립에 지대한 공헌을 한 벤저민 프랭클린을 존경했는데, 프랭클린은 모범적인 인생을 보내기 위해 절제와 절약, 근면, 정의, 겸손 등 13개 덕목을 갖추려 노력한 것으로 유명하다.

워런 버핏 또한 그를 본받아, 부모로부터 이어받은 가치관 및 인생관에 더불어, 독서와 경험, 사람들과의 만남을 통해 배운 습관을 지켜서 큰 성공을 거두었다. 올바른 사고와 태도란 처음에는 익숙하지 않더라도, 습관이 될 때까지 지키다 보면 성공을 위한 큰 힘이 되어준다.

기나긴 인생에서 때때로 습관과 반대되는 유혹이 찾아와도 워런 버핏은 이에 넘어가지 않았다.

"비록 사소하더라도 규칙을 한 번 어기면, 다음에는 더 크게 규율을 어기게 된다."

좋은 습관은 투자 원칙과 더불어 강한 무기가 될 수 있다.

68 자신의 두뇌와 육체를 소중히 여긴다
오랫동안 투자를 하려면 자신을 소중히 여겨야 한다

평생 타고 다니는 자동차

워런 버핏은 1930년에 태어나 현재 95세(2025년 10월 기준)인데, 지금도 버크셔 해서웨이의 수장으로서 회사를 이끌며(2025년 5월 3일, 버핏이 주주총회에서 12월에 은퇴할 것을 선언. 하지만 은퇴 이후에도 사무실에 출근하겠다고 발표) 연례 주주총회에서는 몇 시간에 걸쳐 주주들의 질문에 답을 해주고 있다.

실로 놀라운 90대라 하지 않을 수 없는데, 1990년대에 워런 버핏은 그 비밀 중 일부를 밝힌 바 있다.

워런 버핏이 16세가 되던 해에 어느 날 요정이 나타나, "네가 좋아하는 자동차를 줄게"라고 속삭였다. 갖고 싶은 차종을 말하면 다음 날에 큰 리본을 두른 새 차로 가져다준다는 것이다. 이런 행운이 어디 있을까. 그런데 조건이 하나 있었다. 그 차를 평생 타야만 한다는 것이다.

두뇌와 육체도 평생에 걸쳐 써야한다

평생 타고 다녀야 하는 자동차라고 하면, 누구나 이를 소중히 여길 것이다. 계속 차고에 보관하기만 할지도 모르고, 녹이 슬면 금방 수리를 맡길 것이다. 워런 버핏은 우리들의 두뇌와 육체 또한 요정이 선물하는 자동차와 같다고 말했다.

"누구나 두뇌와 육체는 하나밖에 없다. 그리고 이를 일평생 사용해야만 한다. 그냥 오랫동안 타기만 하면 쉬울지 모르나, 두뇌와 육체는 소중히 여기지 않으면 40년 후에는 고물차처럼 망가지기 마련이다. 그렇다면 우리는 바로 지금, 오늘부터 두뇌와 육체를 귀하게 여기며 사용해야 할 것이다. 10년, 20년, 30년 후에 두뇌와 육체가 어떤 상태일지는 이에 따라 결정된다."

수명과 건강 수명은 다르다. 워런 버핏처럼 나이가 들어도 건강한 육체와 명석한 두뇌를 유지하려면, 자신을 소중히 여겨야 할 것이다.

평생 명석한 두뇌를 유지하려면 자신을 소중히 여겨야 한다.

69 1일 1시간을 자신에게 쓴다
자신을 위해 스스로 갈고 닦는 것이 성공의 지름길

'담배꽁초 투자'는 하지 않는다

워런 버핏의 투자 원칙은 벤저민 그레이엄과 필립 피셔의 방식을 결합한 것으로 볼 수 있으나, 특히 필립 피셔의 사고방식을 도입할 것을 제안한 사람이 버크셔 해서웨이에서 오랫동안 부회장을 역임한 찰리 멍거이다.

멍거 또한 그레이엄의 투자 원칙에 대해 인정은 하였으나, 가치가 없는 기업을 싸게 매입하는 '담배꽁초 투자'에 대해서는 부정적이었다. 그보다는 우수한 기업을 적절한 가격에 매입하도록 버핏에게 조언하고 조금씩 사고방식을 변화시킨 것이 성공으로 이어졌다고 할 수 있다.

성공하려면 자신을 연마해야 한다

멍거는 하버드대학 로스쿨을 졸업한 변호사였는데, 부동산 개발 등에 투자를 부업으로 삼던 1959년에 워런 버핏을 만났고 그의 재능에 반하였다.

그 후 두 사람은 급속히 가까워졌는데, 사치가 아니라 '자립'을 위해 부자가 되려고 한 점과 '다리가 돋아난 책'이라 불릴 정도로 공부벌레인 점이 비슷했기 때문이다. 워런 버핏은 멍거를 이렇게 평한 바 있다.

"멍거는 '나한테 가장 중요한 고객은 누구일까'라고 생각했을 때, 그것은 자기 자신이라고 확신했다. 그래서 하루에 한 시간은 반드시 자신을 위해 썼다. 그는 출근 전 이른 아침에 그 시간을 마련했고, 이후에 건설 및 부동산 개발 관련 업무를 보았다. 모든 사람은 이를 본받아 우선 자신이 고객이 되고, 그다음으로 다른 이를 위해 일해야 할 것이다. 하루 한 시간은 자신을 위해 할애하자."

끊임없는 자기 연마야말로 성공으로 가는 지름길이다.

찰리 멍거는 워런 버핏의 좋은 파트너였다

버크셔 해서웨이 (전) 부회장 찰리 멍거

두 사람은 1959년에 처음 만났다

멍거는 소문난 공부벌레였으며

자립을 위해 부자가 되고 싶어!

다리가 돋아난 책

두 사람은 서로 닮은 부분이 많았다

젊은 시절, 멍거는 이렇게 생각했다

나한테 가장 중요한 고객은 누구일까?

나 자신이지!

그때부터 매일 한 시간, 출근 전에 자신을 갈고닦는 시간을 마련했다

끊임없는 자기 연마야말로 성공의 지름길이다

자신을 갈고 닦는 것이 투자 성공으로 가는 지름길이다.

70 일상생활에서부터 '능력 범위'를 준수한다
익숙한 음식만 먹는다

음식도 '능력 범위' 밖이면 먹지 않는다

워런 버핏은 식사에 대한 규칙도 투자와 비슷하다. '균형 잡힌 식단'이라는 충고는 무시하고 '능력 범위 밖'의 음식은 손도 대지 않는다.

어느 날, 워싱턴 포스트의 사주인 캐서린 그레이엄(Katharine Graham, 1917~2001, 미국의 언론인)의 초대로 소니의 창업자인 모리타 아키오 부부와의 만찬에 참석한 워런 버핏은 모리타 회장이 준비한 일본 음식을 전혀 입에 대지 않았다. 스테이크는 레어로 익힐수록 좋아하는 버핏이지만 날생선은 먹지 않는 것이다. 얼굴이 화끈거릴 정도로 부끄러웠지만 먹는다는 선택지는 없었다고 한다.

워런 버핏은 일본 요리만 못 먹는 것이 아니다.

"브로콜리와 양배추만 먹었으면 이렇게 장수하지 못했을 것이다"라고 할 정도로 야채를 싫어했고, 하루에 콜라를 몇 잔씩 마시며 "내가 섭취하는 칼로리 중 4분의 1은 콜라"라는 기묘한 식생활을 자랑했다.

3세 아이가 먹을 수 없는 것은 먹지 않는다

동일본 대지진이 일어난 해에 처음 일본을 방문했을 때도, 일본 음식에는 전혀 손도 대지 않고 햄버거와 샌드위치만 먹었다. 주위 사람들이 몸에 안 좋다며 걱정하자 워런 버핏은 이렇게 말했다.

"나는 음식에 관해서는 아주 단순한 규칙을 정해 지키고 있다. 바로 3세 아이가 먹을 수 없는 음식은 먹지 않는다는 것이다."

워런 버핏은 지인들과 식사할 때도 "무슨 음식이 나오는지 알고 있으니까"라며 익숙한 음식점을 매우 좋아한다. 워런 버핏에게는 식사 또한 '능력 범위'를 지켜야 하는 행위이다.

71 중요하지 않은 것은 'No'라고 거절한다
자신의 시간은 '읽는 것' '생각하는 것'에 사용한다

진정으로 중요한 것을 선택한다

워런 버핏이 빌 게이츠를 처음 소개받은 것은 1991년 무렵이다. 이후 빌 게이츠는 버핏을 가장 신뢰하는 상담 상대 중 하나로 삼았고, 자선 활동을 할 때도 최고의 파트너로 함께 했다.

워런 버핏은 마이크로소프트의 주식을 많이는 갖고 있지 않았으며, 게이츠 또한 자신의 투자에 대해 상담을 하지는 않았는데, 누군가 '버핏이 한 최고의 조언은 무엇인가?'라고 묻자 곧바로 이렇게 대답했다.

"진정으로 중요한 것만 선택하고, 그 이외에는 'No'라고 거절해야 한다."

'읽는 것'이나 '생각하는 것'에 시간을 쓴다

워런 버핏을 처음 만났을 무렵에 게이츠는 매우 바쁜 시기를 보내고 있었다. 낮에는 산더미처럼 쌓인 회의에 참석하고 밤에는 하루 100만 통 넘게 온 메일(대부분은 스팸 메일)을 체크하면서 회신을 보냈다. 그리고 한 해에 4분의 1이상을 해외 출장에, 휴가는 단 2주 정도밖에 없었다.

한편, 워런 버핏은 회의에 거의 출석하지 않고, 전화도 많이 받지 않았다. 컴퓨터는 취미로 트럼프 게임인 브릿지를 할 때만 켰기 때문에, 메일도 쓸 일이 없었다. 결과적으로 자신의 시간 대부분을 '읽는 것'이랑 '생각하는 것'에 사용할 수 있었다. 두 사람이 처음 만난 날, 버핏의 일정표가 텅 비어있던 것을 본 게이츠는 의미 없고 중요하지 않은 일에 시간을 허비하면 안 된다는 교훈을 얻었다고 한다.

말하는 것처럼 시간은 유한하고 제약조건도 되는 만큼 의미가 없는 것이나 중요하지 않은 것에는 '노(no)'를 말하는 것도 중요하다.

중요하지 않은 일에 시간을 허비하지 말자.

72 자신에게 정직히 살자
거짓말과 은폐는 자신의 평판을 떨어뜨리게 된다

어떤 상황에서든 거짓말을 하지 않는다

워런 버핏은 아버지인 하워드의 삶을 통해 많은 것을 배웠고, 이를 자신의 자식들에게도 이어받도록 가르치고 있다. 워런 버핏의 장남인 하워드 그레이엄 버핏에게 '정직하게 살아라'며 이렇게 말했다.

"어떤 상황이든 거짓말을 하면 안 된다. 변호사가 하는 말은 신경 쓰지 말라. 문제가 생겼을 때 변호사가 개입하면 그들은 일단 '아무 말 하지 말고 묵비권을 행사하라'라고 한다. 하지만 자기가 본 그대로, 들은 그대로를 숨김없이 말하면 문제 자체가 생기지 않는다."

정직히 털어놓으면 평판을 지킬 수 있다

살로몬 브라더스가 부정을 저질러 궁지에 몰렸을 때, 버핏은 임시회장으로서 문제 해결에 임했는데, 이때 그는 회사에서 초빙한 PR 전문가들의 말을 전혀 듣지 않았다. 그 이유는 PR 문제가 아니라 '회사가 잘못을 저지른 것이 문제였기' 때문이다.

그는 기자 회견을 열어, 살로몬에서 벌어진 일을 비롯하여 어떻게 대처하고 있는지, 앞으로 어떻게 할지에 대해 있는 그대로 정직히 설명하였다. 워런 버핏은 예정된 회견 시간을 넘겨 가며 자세히 해명했다.

기자들은 상대방이 숨기려 하면 추궁하고 얼버무리려 하면 폭로하는 습성이 있는데, 워런 버핏의 기자 회견은 '이 정도로 정직하게 털어놓으면 추궁할 여지가 없다'라고 할 정도로 허심탄회한 자리였다.

워런 버핏은 멋지게 위기를 극복하고 그 명성을 드높였다. 자신에게 언제나 정직하게 살아가는 것은 자신의 평판을 지키는 가장 좋은 방법이다.

73 커뮤니케이션은 최강의 무기
정말로 이해하고 있다면 다른 사람에게도 알기 쉽게 전달할 수 있다

주주에게 보내는 편지

워런 버핏이 매년 쓰고 있는 '주주에게 보내는 편지'는 지금도 곧바로 뉴스로 나오고 정기적으로 편집하여 책이 나올 정도로 인기이다. 그리고 버크셔 해서웨이의 주주총회에서 워런 버핏의 말을 듣기 위해 수만 명이 오마하를 방문한다.

그러나 그런 버핏도 컬럼비아대학을 졸업하고 아버지의 증권사에서 주식 브로커를 할 때는 '풍채는 변변찮고 영업도 시원찮은 젊은이'에 지나지 않았다.

고객을 찾아가 주식을 설명하면 '아버지는 어떻게 생각하시나?'라는 질문을 받을 때가 많았다고 한다. 그는 이렇게 회고했다.

"상대방의 생각을 읽는 것도 어려웠고 잡담조차 하기 힘들었다. 그리고 상대의 말을 경청하는데도 서툴렀다."

거기다가, 상대방의 관심사도 고려하지 않은 채 자기가 좋아하는 정보를 일방적으로 떠들어대는 통에, 아무리 주식에 대한 지식이 있다고 해도 영업사원으로서 성공하기는 불가능했다.

글을 쓰거나 소통을 하는 능력은 매우 중요하다

자신의 약점을 극복하기 위해 워런 버핏은 작가이자 교사였던 데일 카네기(Dale Carnegie)의 강의를 들으며 소통 방법을 습득했다. 그 후, 오마하대학에서 직접 교편을 잡으면서 소통 능력의 필요성을 다시금 실감했다. 그는 이렇게 말했다.

"글을 쓰거나 소통을 하는 능력은 매우 중요하다. 특히 커뮤니케이션 스킬은 최강의 무기가 될 수 있다."

워런 버핏은 주주에게 보내는 편지를 쓸 때, 무엇보다 알기 쉽게 쓰는 것을 중시한다. 자신이 정말로 잘 이해하고 있다면, 다른 사람에게도 알기 쉽게 전달할 수 있다는 것이다.

74 '탐욕'은 손해를 부른다
자제심을 가지면 사람들이 존경하게 되고 더 큰 이익을 볼 수 있다

보수보다 내용에 만족하자

워런 버핏은 세계에서 손꼽히는 자산가이지만, 그 자산의 대부분은 투자를 통해 이룩한 것으로, 버크셔 해서웨이에서 그가 받는 보수는 연간 10만 달러 정도이다.

주요 임원인 그렉 아벨(Gregory Abel)과 아지트 자인(Ajit Jain)은 상당한 보수를 수령하고 있지만, 이사진 14명의 보수는 300~800달러 수준이다.

S&P 500대 기업의 평균 임원 연봉은 25만 달러이므로, 이에 비해 턱없이 낮은 금액이라 할 수 있다. 하지만 이사진들에게 워런 버핏과 함께 일할 수 있다는 것은 크나큰 명예이며, 버크셔 해서웨이의 이사직은 무엇과도 바꿀 수 없는 만족감이 있다고 한다.

그리고 워런 버핏 또한 연간 10만 달러라는 매우 적은 보수를 수령하고 있다. 물론 이에 대해 '버핏은 원래 부자니까'라고 하는 사람도 있지만, 미국은 부자라도 막대한 연봉을 수령하거나 실적도 없는데, 보수만 받아 가는 사람도 많다.

자제심은 이익을 가져다준다

현실적으로 버크셔 해서웨이의 이사와 버핏 모두 지금 받는 연봉만으로는 살아갈 수 없긴 하나, 조직에서 위에 선 사람이 '탐욕스럽지 않은' 보수를 받아들이고 있다면, 회사 전체적으로도 '탐욕적인' 문화에 지배당할 일이 없게 된다.

워런 버핏은 1991년, '탐욕' 때문에 경영 위기에 빠진 살로몬 브라더스의 임시회장을 맡은 적이 있는데, 이때도 '월급 1달러'를 받은 바 있다. '나만 잘살면 돼'라는 식의 '탐욕'은 원망과 질투를 불러일으키지만, 개인적인 욕망을 억누르고 자제심을 발휘하면 존경을 모을 수 있고, 더 큰 이익으로 이어질 수 있다.

75 지식보다 인내와 냉정함이 중요하다
집단 히스테리의 악영향을 피할 수 있다

투자에 필요한 능력

투자로 성공하려면 어떤 능력이 필요할까. 워런 버핏은 ①재무 회계 및 부기 관련 지식, 기업의 활동에 대해 파악하고 재무제표를 해석할 수 있을 정도의 지식, ②일정 이상의 열정, ③강한 인내심, ④냉정함 등, 4가지를 제시했고, 이 중에서도 인내심과 냉정함을 강조하였다.

"인내심과 냉정함은 지능지수(IQ)보다 더 중요하다고 생각한다."

냉정한 판단은 투자 성과에 영향을 미친다

워런 버핏에 따르면, 투자업계에는 IQ 160 이상의 천재가 많지만, 그들이 반드시 성공하는 것은 아니다. 반대로, IQ가 낮아도 끈기 있게 기회를 기다리며 어떤 상황에서도 냉정히 판단할 수 있는 사람이 좋은 성과를 낸다고 한다.

그 이유는, 주식 시장이 때때로 집단 히스테리에 휩쓸리는 경우가 있는데, 이때 레밍처럼 집단 자살을 하든가 혹은 자신의 판단을 충실히 지키며 고고함을 유지하는가에 따라 투자의 성과가 크게 달라지기 때문이다. 아무리 우수한 두뇌를 갖고 있어도, 광적인 분위기에 휘말리면 잘못된 판단을 내리게 되고, 공포에 휩싸이면 팔지 말아야 할 때 매도하는 등의 큰 실패로 이어진다.

그렇게 되지 않으려면, 인내심과 냉정함이 절실히 필요하며, 이 두 가지만 있다면 이따금 주식 시장을 뒤덮는 집단 히스테리의 악영향에서 벗어날 수 있다는 것이 워런 버핏의 지론이다. 성공적인 투자를 하고 싶다면, 인내심과 냉정함이 중요하다. 그리고 성실함과 열의가 더해지면 인생에서도 성공할 수 있다.

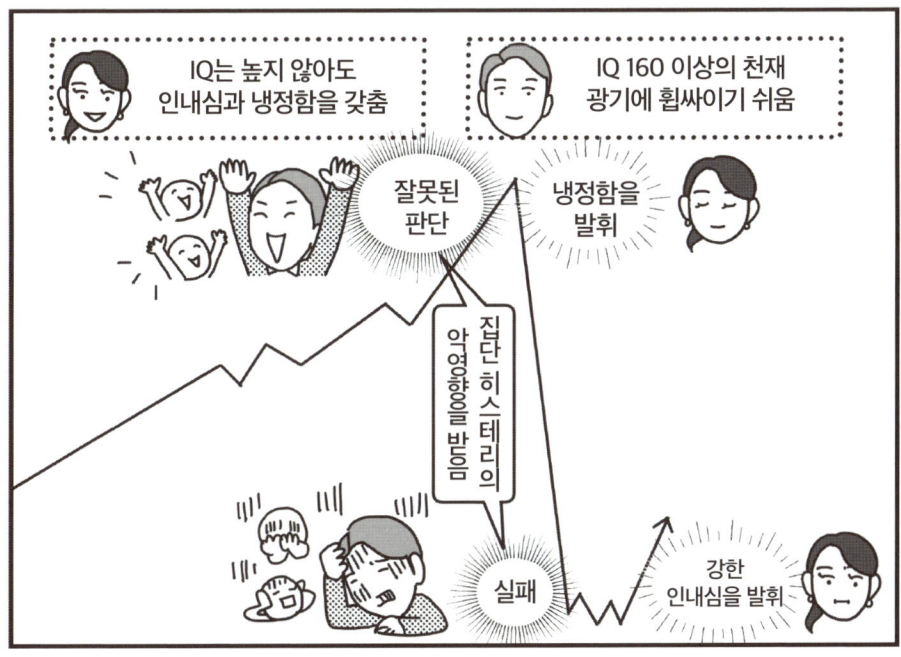

인내심과 냉정함은 투자 성공에 필수다.

워런 버핏의 명언 ⑦

인간의 행동은 내적인 기록표 혹은 외적인 기록표에 의해 크게 좌우된다. 내적인 기록표로 인해 납득했다면 그것이 근거가 된다.

제7장

다른 사람과
어울리는 법

76 나만의 우상을 갖자
존경할만한 사람과 함께 일하면 인생이 잘 풀린다

존경할만한 인물과 함께 일한다는 것

워런 버핏이 컬럼비아대학교 대학원에 진학을 결정한 것은 입학 안내문에 벤저민 그레이엄과 데이비드 도드(David Dodd, 미국의 교육자이자 투자자)의 이름이 있었기 때문이다. 《현명한 투자자(The Intelligent Investor)》의 열렬한 독자였던 버핏에게 그 두 사람은 신과 같은 존재였기 때문에, 접수 시기를 놓쳤지만, 열의가 넘치는 편지를 보내 입학을 허가받았다.

자신이 좋아하는 것이라면 열정을 쏟아붓는 워런 버핏은 매우 우수한 학생이었다. 그러나 유태인이 아니라는 이유로 염원하던 그레이엄의 회사에 입사라는 꿈은 이룰 수 없었다. 이를 대신하여 그는 또 다른 존경하는 인물이었던 아버지의 회사에서 일하기로 했다. '일을 한다면 존경하는 사람 밑에서' 하겠다는 것이 워런 버핏의 변함없는 생각이었다.

우상에게서 배운다

워런 버핏은 아버지의 회사에서 일하면서도 그레이엄의 밑에서 일하고 싶다는 꿈을 포기하지 않았다. 뉴욕에 출장을 가면 그레이엄의 회사를 방문하기도 하고, 자신의 투자 아이디어를 편지로 보내기도 했다. 1954년, 워런 버핏은 마침내 그레이엄의 회사에 입사하는 데 성공했고, 가까이에서 그레이엄을 보며 자신의 투자 원칙을 수립하기에 이른다. 워런 버핏은 이렇게 말했다.

"자신이 영웅이라고 부를만한 인물을 찾는 것은 매우 중요하다."

워런 버핏은 지금은 보잘것없어도 10년 후에는 더 나아진다고 생각하지 않는다. 존경할만한 인물 밑에서 일하고, 만약 그게 안 된다면 독립하는 게 좋다고 생각한다. 우상에게 배우고 그와 함께 일할 수 있다면 인생은 분명 잘 풀릴 것이다.

존경할 만한 인물 밑에서 일하자.

77 자기보다 뛰어난 사람을 가까이 한다
철봉에서 미끄러져 떨어지지 않으려면 사람을 잘 골라야 한다

자기보다 뛰어난 사람으로부터 배운다

워런 버핏은 컬럼비아대학원을 졸업한 후 오마하에 돌아왔는데, 그 사이에 네브라스카주의 병역 의무를 다하기 위해 위스콘신주 라크로스의 훈련소에서 몇 주간을 지내게 되었다.

아버지가 하원의원이었기 때문에, 처음에는 '의원의 아들이니 잔뜩 거들먹거리지 않을까'라며 주위 사람들은 의심의 눈초리로 보았으나, 워런 버핏은 한 시간도 채 안 되어 그들의 동료로 받아들여지게 되었다.

워런 버핏에 따르면, 훈련소는 '민주주의적인 조직'이었으며, 지금까지 무엇을 했고 아버지가 어떤 사람인지는 전혀 중요하지 않았다고 한다. 입소하고 한 시간이 지나자, 버핏은 다른 이들과 마찬가지로 만화책을 읽고 4개 이하의 어휘만 사용했다. 자신과 주위 사람들을 보며 이렇게 생각했다는 것이다.

"나보다 우수한 사람을 사귀는 것이 좋다는 걸 배웠다. 그러면 나도 조금씩 성장할 수 있다. 나보다 못한 사람과 사귀게 되면 철봉에서 미끄러져 떨어진다. 지극히 단순한 구조라 할 수 있다."

일할 상대를 잘 골라야 한다

그야말로 '근묵자흑(近墨者黑)', '유유상종(類類相從)'의 세상이라 하지 않을 수 없다. 위와 같은 교훈을 얻은 워런 버핏은 업무에서도 함께 일할 사람과 거래할 대상을 신중히 고르는 것을 중시하게 되었다. 성실함을 무엇보다 중하게 여겼고, 사악한 사람이나 도무지 좋아할 수 없는 사람과는 결코 함께 일하려 하지 않았다. 철봉에서 미끄러져 떨어지지 않으려면, '사람을 잘 골라야' 한다.

나보다 훌륭한 사람은 나를 발전시켜준다.

78 존경할 만한 사람과의 업무는 즐겁다
존경할 수 없는 사람과의 업무는 '돈을 보고 결혼하는 것과 같다'

대하기 힘든 사람과는 거래하지 않는다

어떤 상황이든 되도록 자기와 잘 맞는 사람과 함께 하고 싶은 것이 인지상정이지만, 현실에서는 내 마음대로 상대방을 고를 수 없다는 것을 실감한 적 있을 것이다. 일은 일이니까 싫은 상대라도 꾹 참는 게 '어른스러움'이지만, 워런 버핏은 컨설턴트인 지인에게 이렇게 조언한 적이 있다.

"대하기 힘든 사람과는 거래하지 않는 게 좋다네. 굳이 안 해도 충분히 먹고 살 만하지 않은가. 이 세상에는 자네의 거래 상대가 되어줄 사람이 얼마든지 많다네. 자네의 컨설팅 서비스의 가치를 알아주지 않는 사람을 위해 귀한 시간을 허비할 필요는 없지."

지인 또한 이전부터 그렇게 생각했었지만, 막상 행동으로 옮기지 못하고 있었다. 그러나 워런 버핏의 충고에 따라 결심이 섰다고 한다. 버핏은 '워런 버핏으로부터의 편지'에서도 '내가 좋아하고 존경할만한 사람과 일하고, 그렇지 않은 사람과는 일하지 않겠다는 내 방식을 굽히지 않겠다'라고 딱 잘라 말했다.

함께 일한다면 존경과 신뢰를 할 수 있는 사람

워런 버핏은 존경할 수 없는 사람과의 업무는 '돈을 보고 결혼하는 것과 같다'고 말했고, 반면에 **자신이 좋아하고 존경할만한 인물과 함께 일하는 것은 수익 가능성을 최대한 높여줄 뿐만 아니라 놀라우리만큼 즐거운 시간이 보장된다**고 했다.

함께 일한다면 존경과 신뢰를 할 수 있는 사람과 해야 한다. 워런 버핏은 젊을 때부터 자신의 가치를 인정해주지 않으며 대하기 껄끄러운 사람과는 거래하지 않는다는 생각을 굽히지 않았다.

 뭐하러 굳이 그런 사람이랑 일을 하나  자네의 가치를 알아주지 않는 사람을 위해 귀한 시간을 허비할 필요는 없네

존경할 수 없는 사람과 일하는 건  돈을 보고 결혼하는 것과 마찬가지다

내가 좋아하면서 존경할만한 사람과 함께 일을 하면 수익성이 높아질 뿐만 아니라   놀라우리만큼 즐거운 시간이 보장된다

자신의 가치를 알아주는 사람과 거래하라.

79 우수한 사람을 고용하여 일을 맡긴다
자신보다 '큰' 사람과 일하면 기업과 자신 모두 성장할 수 있다

경영을 할 때는 임직원을 파악해본다

워런 버핏은 젊은 시절에 '자신보다 뛰어난 사람과 사귀는 것'의 소중함을 실감했는데, 동시에 회사를 경영할 때는 임직원을 잘 파악하는 것도 중요함을 잘 이해하고 있었다.

혼다의 창업자인 혼다 소이치로는 인사 책임자에게 "자네가 제어할 수 없다고 생각한 사람을 채용하면 어떤가"라고 제안한 적이 있다. 그 이유는 현 관리직들이 다루기 쉽고 순종적인 사람만 채용하게 되면 관리직은 편하지만 그를 뛰어넘는 인재는 육성하기 어렵기 때문이다.

오히려 '이 친구는 컨트롤이 안 되겠어'라는 생각이 들 정도로 스케일이 큰 사람을 채용하면, 회사가 더 크게 성장할 수 있다는 것이 혼다의 인재관이었다.

순종적인 사람만 있으면 쇠퇴한다

워런 버핏은 원래부터 존경할만한 사람 밑에서 일하고자 했고, 함께 사업을 한다면 좋아하는 사람과 하며, 싫어하는 사람과의 거래는 피하려고 할 정도로 '사람'을 중시했다. 이와 동시에, 오길비 앤 매더(Ogilvy&Mather)의 창업자인 데이비드 오길비(David Ogilvy, 현대 광고계의 아버지로 불리는 미국의 광고인)의 명언인 "나보다 '작은' 사람을 고용하면 회사는 더 작아진다. 그러나 나보다 '큰' 사람을 고용하면 회사는 더 커질 것이다"를 믿었다.

우수한 경영자를 고용하고 그에게 경영을 일임하는 것이 워런 버핏의 방식이다.

일국의 리더나 기업 경영자 중에는 주위에 자기의 말만 잘 듣는 사람을 두려는 사람이 많은데, 그러면 나라와 기업 모두 쇠퇴할 뿐이다. 함께 일을 한다면, 자신보다 크고 훌륭한 사람과 하라.

그러면 자신도 성장할 수 있으며 조직도 함께 커질 것이다.

존경할만한 사람 밑에서 일하고 싶다

사업을 함께 한다면 좋아하는 사람들과

거래 상대로는 내가 좋아하면서 존경할 수 있는 사람으로

사람을 중시하는 워런 버핏

나보다 '작은' 사람을 고용하면 회사는 더 작아진다

나보다 '큰' 사람을 고용하면 회사는 더 커질 것이다

광고대행사 오길비 앤 매더의 창업자 데이비드 오길비

오길비의 말이 맞아

워런 버핏은 우수한 경영자를 고용하여 그에게 일임하였다

자신보다 큰 사람과 함께 일하면 성장할 수 있다.

80 나이를 불문하고 뛰어난 사람과 일한다

우수한 사람은 '머리가 백발이 되어도 능력이 떨어지지 않는다'

경영은 나이와 무관하다

워런 버핏은 90세를 넘은 지금도 버크셔 해서웨이의 경영에 깊이 관여하고 있으며, 자회사의 경영진에 대해서도 '나이를 먹었으니 일선에서 물러나시게'라는 태도를 보이지 않는다.

워런 버핏에 따르면 **우수한 경영자는 매우 드물기에, 그가 60세, 65세가 되었다고 퇴사시키기엔 너무 아깝다**는 것이다. 이런 생각을 더욱 확고하기 굳힌 사례가 바로 네브래스카 퍼니쳐 마트(Nebraska Furniture Mart)의 전설적인 경영자인 일명 '미세스 B', 로즈 블럼킨(Rose Blumkin, 미국의 여성 사업가)이다.

훌륭한 경영자에게 '정년퇴직'은 없다

블럼킨은 적수공권(赤手空拳: 맨주먹)으로 사업을 시작해 1980년대에 북미 최대의 가구점으로 키워냈다. 3에이커 규모의 매장 1곳에서 매년 1억 달러 이상의 가구를 판매하고 지속적으로 매출을 증대시켰는데, 그 놀라운 기세에 기존에 오마하에서 성업 중이던 가구점과 인테리어 판매점이 전부 폐업하였고, 외부에서 진출해온 전국 체인점 또한 철수하기에 이르렀다.

워런 버핏이 이 회사를 인수한 이유는 바로 미세스 B가 있었기 때문이다. 인수를 결정한 날, 워런 버핏은 53세 생일을 맞이했는데, 이 거래는 '생일에 유전을 샀다'고 할 정도였다. 그녀는 실로 최강의 경영자로, 103세까지 일하면서 워런 버핏에게 막대한 이익을 가져다주었다.

훌륭한 경영자에게 '정년퇴직'이란 없다.

워런 버핏 또한 마찬가지지만, **우수한 경영자는 '머리가 백발이 되어도 능력이 떨어지지 않는다'** 할 수 있다.

81 사람들과의 유대를 중시한다
도리를 어기며 무자비한 힘을 과시하지 않는다

'탐욕'을 경멸한다

워런 버핏은 최고의 투자자로 칭송받으며 세계에서 손꼽히는 자산가이지만, 동시에 '오마하의 현인'으로 추앙받는 인물이기도 하다. 그 이유는 '탐욕'을 경멸하고 인간을 중시하기 때문이다.

그의 파트너인 찰리 멍거에 따르면, 워런 버핏은 "필요 이상의 돈벌이를 자제했다"라고 한다. 관계자들의 피해나 손실은 무시하고 투자 수익만 냉철히 계산하여 보유 중인 회사를 매매할 기회가 많았지만, 워런 버핏은 그런 식의 거래를 한 번도 한 적이 없다.

자신을 믿어주는 사람들을 소중히 하다

멍거는 버핏을 이렇게 평가했다.

"워런은 경쟁력을 내세우고 도리를 어겨 가며 무자비한 힘을 과시한 적이 한 번도 없다. 그래서 그의 인생은 잘 풀렸다."

그중에서도 워런 버핏이 가장 중시한 것은 '사람들과의 유대'이다.

워런 버핏은 함께 일하는 사람을 신중히 선택했다. 존경할만한 사람, 신뢰할만한 사람과 함께 일했으며, 자신의 가치를 알아주지 않고 대하기 힘든 사람과는 거래하지 않았다. 워런 버핏은 투자처를 고려할 때와 마찬가지로, 사귀고 친하게 지낼 사람들 또한 신중히 골라내야 더 가치 있는 인생을 살 수 있다고 보았다. 그는 버크셔 해서웨이의 주주들에게 이렇게 말했다.

"여러분이 힘들 때는 저희 또한 괴롭고, 저희가 이익을 많이 내서 신이 날 때는 여러분 또한 기쁨을 느낄 것입니다."

이렇듯, 한 번 자신을 믿어준 사람을 '돈 때문에' 등 돌리지 않는 것이 워런 버핏의 사람들을 대하는 방식이다. 신뢰는 그로부터 생기는 것이다.

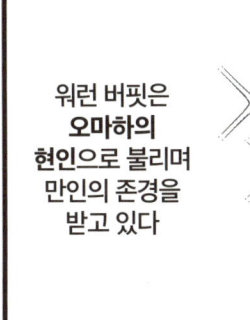
워런 버핏은 **오마하의 현인**으로 불리며 만인의 존경을 받고 있다

탐욕을 경멸하고 인간을 중시하는 인물이기 때문이다

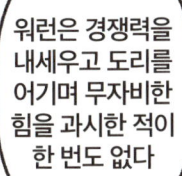
워런은 경쟁력을 내세우고 도리를 어기며 무자비한 힘을 과시한 적이 한 번도 없다

그래서 그의 인생이 잘 풀린 것이다

워런 버핏의 파트너 찰리 멍거

버크셔 해서웨이의 주주들에게도

여러분이 힘들 때는 저희도 괴롭고 저희가 이익을 많이 내서 신이 날 때는 여러분 또한 기쁨을 느낄 것입니다

사람들과의 유대를 중시한다

사람을 신중히 선택하여 인생을 가치 있게 만든다.

82 싸움을 위한 싸움을 하지 않는다
다툼과 논쟁은 필요 이상으로 할 필요 없다

'냉혹함'과 '투쟁심'

워런 버핏, 짐 로저스와 함께 '세계 3대 투자자'로 불리는 조지 소로스(George Soros)와 워런 버핏의 결정적 차이는 '냉혹함'과 '투쟁심'이라 하겠다.

소로스는 '잉글랜드은행을 파산시킨 사나이'로 불리는데, 이러한 평판에 대해, "양심의 가책으로 인해 어떤 행동을 못하게 된다면, 나는 솜씨 좋은 투자자가 되지 못할 것이다"라고 말한 바 있다.

다툼을 즐기지 않는다

헝가리에서 태어나 젊은 시절 갖은 고생을 겪으며 투자자가 된 소로스와 부유한 가정에서 태어나 자란 워런 버핏은 당연히 다를 수밖에 없을지 모르지만, 워런 버핏에게는 '서바이벌'을 신조로 삼은 소로스식의 격렬한 투쟁심과 냉혹함이 없다. 물론 젊은 시절의 워런 버핏은 샌본 맵(Sanborn Map, 미국의 지도 제작 회사)의 이사진을 상대로 불꽃 튀는 토론을 벌인 적이 있는가 하면, 뎀스터 밀(Dempster Mill Manufacturing Company, 미국의 풍차 제조 회사)을 인수할 때는 냉혹하게 청산 절차를 진행한 적도 있다.

그러나 뎀스터 밀 인수 과정에서 지역 주민들의 거센 반발을 경험한 이후, '두 번 다시 이런 짓을 반복하지 않겠다'고 다짐하였다. 이후 1980년대에 살로먼 브라더스의 이사를 역임하며, 입장 상 직원의 연봉 인상에 반대하였지만, 강경하게 이를 고수하지는 않았다. 그는 그 이유를 이렇게 말했다.

"다툼은 좋아하지 않는다. 싸울 필요가 있다면 도망치지는 않겠지만, 즐기지도 않을 것이다. 나는 싸움을 위한 싸움은 하고 싶지 않다."

논쟁을 위한 논쟁, 싸움을 위한 싸움을 좋아하지 않는 워런 버핏의 가치관이 드러나는 한 마디이다.

양심의 가책 때문에 하고 싶은 일을 못 한다면, 나는 좋은 투자자가 되지 못할 것이다

신조는 **서바이벌**

별명은 **잉글랜드은행 파괴자**

투자자 조지 소로스

워런 버핏은 소로스만큼의 냉혹함과 투쟁심은 없지만 젊은 시절에는 쓰디쓴 경험을 한 적이 있다
풍차 제조 회사인 뎀스터 밀을 인수했을 때

무자비한 청산 절차다

두 번 다시 이런 짓을 반복하지 않겠어

지역 주민

젊은 시절의 워런 버핏

다툼은 좋아하지 않는다

필요하다면 도망치지는 않지만, 즐기지도 않을 것이다
싸움을 위한 싸움은 하고 싶지 않다

불필요한 싸움과 논쟁에 끼어들지 않는다.

83 인생의 성공은 '사랑'으로 잴 수 있다
사랑하고 사랑받는 인생을 살아야 한다

자신의 인생을 돈으로 재단하지 말자

인생의 성공을 재는 기준이 있다면 그것은 무엇일까. 워런 버핏은 '사랑'만이 그 기준이 될 수 있다고 생각했다.

워런 버핏이 어떤 파티에 참석했는데, 거나하게 취한 여성이 가까이 다가와 "어머나, 돈이 잔뜩 열리는 나무가 여기 있네"라고 속삭인 적이 있다고 한다. 칭찬인지 아닌지 판단하기 어렵긴 하나, 적어도 워런 버핏이 세계 유수의 자산가로서 사람들로부터 선망과 호기심의 눈길을 받는다는 건 확실하다. 워런 버핏은 그 여성이 다른 곳으로 간 후, 기자들에게 이렇게 이야기했다.

"번 돈이 얼마인지로 인생을 재단하고 싶지는 않습니다. 물론 그런 사람들도 있지만, 저 자신은 절대로 그렇게 하지 않습니다."

'사랑'이야말로 성공한 인생을 평가하는 기준

돈 이상으로 워런 버핏이 중시한 것이 '사랑'이다. 그는 이렇게 말했다.

"사랑받고 싶어 하는 사람 중, 얼마만큼의 사람에게 실제로 사랑받고 있는지가 인생의 성공을 평가하는데 중요한 잣대이다."

워런 버핏에 따르면, 자신과 비슷한 또래 사람 중에, 나이를 먹고 가족과 직장 동료 등 자신의 주위 사람들로부터 사랑을 받는다고 느낀 사람은 예외 없이 "내 인생은 성공적이었어"라고 말하지만, 자신의 이름이 붙은 학교나 병원을 가졌음에도 아무도 자신을 챙겨주지 않고 본인도 그것을 알고 있는 경우, "내 인생은 너무나 허무하다"라고 말했다고 한다.

행복한 부자가 되려면 다른 사람들을 사랑하고 그들로부터 사랑받는 것이 얼마나 소중한지 알아야 할 것이다.

행복한 부자가 되려면 '사랑'이 필요하다.

워런 버핏의 명언 ⑧

자기가 좋아하는 일을 하고, 가장 존경하는 사람 곁에서 일하라. 그러면 인생에서 최고의 기회를 얻을 수 있다.

제8장

보다 행복한 인생을
보내기 위한 철학

84 오랫동안 부자로 사는 법
투자에서 화려함을 추구하지 않는 '그레이엄의 이론'이 성공의 열쇠

그레이엄의 방법론으로 성공한 사람들

아메리칸 드림이라고 하면, 보통은 젊어서 창업에 성공하고 엄청난 부를 축적한 사람을 떠올린다. 특히 IT기업의 창업자들은 젊은 나이에 백만장자가 된 사례가 많은데, 워런 버핏은 그런 속도감이나 화려함과는 인연이 멀다.

1956년, 그레이엄-뉴먼사(社)를 퇴사하고 오마하에 돌아왔을 때의 워런 버핏은 26세로, 당시 추정 자산은 14만 달러 정도였다. 그것만으로도 이미 워런 버핏이 목표로 삼은 '35세 때 백만장자'는 충분히 달성 가능한 숫자였지만, 엄청난 부자라고는 할 수 없었다.

그러나 현재 워런 버핏의 자산은 1천억 달러를 호가한다. 버핏에게는 그레이엄의 영향을 받은 동료 투자자가 한데 모인 '그레이엄-도드 패밀리'라는 모임이 있다. 방식은 조금씩 다르지만, 기저에는 그레이엄의 이론이 바탕이 되어 있고, 모두 투자로 성공하였다.

투자업계는 하룻밤 만에도 휙휙 변한다

1968년, 버핏은 그레이엄의 제자들에게 동창회 개최를 제안하였다. 샌디에이고 만(灣)에 인접한 호텔에 모인 동료들은 각자 성공의 길을 걷고 있었다.

워런 버핏은 당시의 멤버들에 대해 이렇게 말했다.

"그때 우리가 처음 모임을 했을 때는 다들 꼬마 부자였지만, 지금은 전원이 백만장자이다. 이는 전부 그레이엄 덕분이다."

그레이엄의 이론을 기반으로 한 투자는 화려함과 거리가 멀지만, 착실하게 돈을 벌고 부자가 되는 방법이다. 투자업계는 하룻밤 만에 큰돈을 벌 수도 있지만 모든 것을 잃을 수도 있다. 워런 버핏은 느리지만 확실하고, 오랫동안 부자로 사는 방법을 늘 가슴에 새기고 있었다.

85 성공할만한 가치가 있는 인물이 된다

'돈을 위해서라면 수단과 방법을 가리지 않는' 사람이 되지 말자

볼썽사나운 부자가 되지 말자

젊은 스티브 잡스에게 자금을 제공하고 경영 조언자 역할을 했던 애플의 초대 회장인 마이크 마쿨라(Mike Markkula, 애플의 최초 엔젤투자자)는 "성공하고 싶다면, 이미 성공한 인물처럼 행동하라"라고 말했다. 워런 버핏 또한 이렇게 말했다.

"지금은 볼품없지만 언젠가는 성공할 거라는 마음가짐은 버려야 한다. 미숙하지만 성공을 확신하고 성공한 사람처럼 도전하는 자세를 가져야 비로소 성공을 손에 넣을 수 있다."

그럼 성공한 다음에는 어떻게 하면 될까. 성공하고 돈을 버는 과정에서 수단과 방법을 가리지 않고 행동하거나 사람들의 미움을 샀다면 '볼썽사나운 부자'가 될 뿐이다. 워런 버핏의 파트너인 찰리 멍거는 젊은 시절부터 부자가 되겠다는 일념으로 노력해왔는데, 이때도 '사람들의 질투를 피하는 가장 좋은 방법은 스스로가 성공할만한 가치가 있는 인물이 되는 것'이라고 늘 가슴에 새겼다고 한다.

좋은 습관을 들이기 위해 노력한다

멍거는 버핏에 대해 이렇게 평가했다.

"태어났을 때부터 올바른 가치관 속에서 자라나는 것은 매우 큰 자산이다. 이것은 금전적으로도 의미가 있다."

워런 버핏은 부모님으로부터 올바른 가치관과 도덕을 이어받았고, 어린 시절부터 좋은 습관을 들이기 위해 노력해왔다. 금전적인 면에서 또한 '부자가 되고 싶다'라는 목표는 있었지만, 사치를 싫어했고 '돈을 위해서라면 수단과 방법을 가리지 않는다'라는 식의 음험함도 없었다.

모두가 추앙하는 부자가 되고 싶다면 올바른 가치관과 좋은 습관을 함양해야 한다. 그래야 비로소 다른 사람들로부터 '존경' 받을 수 있다.

존경받는 부자가 되려면 좋은 가치관과 습관을 함양해야 한다.

86 주위 환경에 감사한다
사람과의 만남과 환경에 감사하고 사회에 환원한다

'아름다운 전통'을 계승한 두 사람

미국에는 부자라면 돈을 자신만을 위해 쓰지 않고 가난한 사람이나 사회를 위해서도 써야 한다는 '아름다운 전통'이 있다. 이 전통을 미국에 심은 사람이 바로 '철강왕' 앤드류 카네기와 인류 역사상 가장 많은 자산을 이룩한 '석유왕' 존 록펠러이다.

빌 게이츠와 워런 버핏은 그런 미덕을 계승하여 실천하였다. 워런 버핏은 어렸을 때부터 '재산을 늘리는데' 큰 관심을 보였고 훌륭한 성과를 올리기도 했지만, '돈을 쓰는' 데는 별로 흥미가 없고 대신에 게이츠의 재단에 막대한 기부를 하고 있다. 이유는 아래와 같다.

"나는 오래전부터 돈은 사회에 환원해야 하는 일시적인 보관증이라고 생각했다. 세대를 이어서까지 부를 계승시키고 싶지는 않다."

사회를 위해 부를 활용한다

워런 버핏은 투자에서 뛰어난 재능을 발휘하였지만, 자신의 성공이 "태어난 장소와 시간이 딱 좋았다"라며 운이 따랐다고 말했다.

교육열 매우 높은 부모, 존경할만한 인물과의 만남, 그리고 자신을 신뢰해 주는 사람들에게 둘러싸여 좋아하는 일을 한 결과, 전 세계에서 손꼽히는 자산가가 된 것이다.

이를 자각하고 감사하는 마음을 잊지 않았기에, 버핏은 자신의 부를 사치에 쓰지 않았으며 자식이나 친족에게 물려주기보다, 카네기처럼 사회를 위해 활용하는 길을 택했다. 워런 버핏이 막대한 재산의 기부를 발표하자, 영향을 받은 수많은 자산가가 자선 활동에 나섰다.

87 절약 정신을 중시한다
훌륭한 사람은 숨을 쉬듯이 절약한다

절약을 좋아하는 버핏

워런 버핏은 자동차 번호판에 '절약(Thrifty)'이라고 쓸 정도로 '근검절약'이란 말을 좋아한다. 이는 사생활뿐만 아니라 투자나 회사 경영에서도 나타난다.

버크셔 해서웨이가 샌프란시스코의 은행인 웰스 파고(Wells Fargo, 자산 기준 미국에서 4번째로 큰 은행)의 주식을 7% 보유하고 있었을 때, 임원 1명이 사무실에 크리스마스 트리를 장식하고 싶다고 말했다. 웰스 파고의 CEO인 칼 라이차트(Carl Reichardt)는 트리 장식 자체는 반대하지 않았지만, "그렇게 하고 싶으면 자네 사비로 하게"라고 말했다.

이 말을 전해 들은 워런 버핏과 찰리 멍거는 곧바로 이 은행의 주식을 더 구매하기로 결정했다. 근검절약 정신을 중시하는 워런 버핏의 성격이 엿보이는 일화이다.

절약은 숨을 쉬듯이 행하는 것

버팔로 이브닝 뉴스를 인수할 당시, 지나치게 큰 사무실과 인쇄 공장을 본 찰리 멍거는 "신문사가 신문을 발행하는데 이런 궁전이 필요한가"라고 말했고, 버핏 또한 "타지마할"이라고 불렀다. 워런 버핏은 이렇게 말했다.

"아침에 눈을 떴을 때 '그럼 이제 숨이라도 쉬어볼까'라는 생각을 하지 않는 것처럼, 진정한 의미에서 **훌륭한 경영자라면 '오늘은 비용을 절감해볼까'라고 생각하지 않는다.**"

실제로 버크셔 해서웨이는 비용 지출이 상당히 적은 편으로, 동종 업계 다른 회사 대비 250분의 1정도라고 하며 본사에 있는 인원도 12명뿐이다. 버핏에게 '절약'은 사생활뿐만 아니라 경영 및 투자에서도 숨을 쉬는 것처럼 당연한 행위이다.

사생활에서든 경영이든 '근검절약'을 위해 노력한다.

88 돈은 사회로부터 잠시 맡아둔 것
혼자서만 영원히 독점하지 말아야 한다

자식들이 사치스럽게 사는 것을 금하다

2005년, 워런 버핏의 모교인 네브라스카대학 경영학부에서 워런 버핏과 빌 게이츠가 학생들과의 '공개 대담'을 진행한 적이 있는데, 이때 학생 하나가 "자식들에게 어떤 식으로 올바른 가치관을 가르치고 있습니까?"라는 질문을 하자, 워런 버핏은 이렇게 답했다.

"제 자식들은 제가 부자라는 사실을 몰랐습니다. 실제로 처음에는 부자가 아니었으니까요. 돈을 조금 벌게 되었을 때도 같은 집(1957년에 오마하에서 산 31,500달러짜리 집)에서 살았습니다. 자식들이 알고 있던 제 재산은 그 집 한 채뿐이었고, 학교도 공립으로 보냈습니다. 자식들은 제가 어떤 일을 하는지도 몰랐습니다. 저도 잘 설명할 수가 없었습니다."

실제로 워런 버핏은 억만장자임에도 불구하고 자식들이 사치스럽게 사는 것을 금지했다. 그런 워런 버핏을 보고 '워싱턴 포스트'의 사주인 캐서린 그레이엄은 "자식들을 사랑하지 않는 것인가"라며 눈물을 흘렸다는 일화가 있을 정도였다.

돈을 영원히 독점하지 않는다

버핏이 자식들을 미워한 건 물론 아니다. '자식들의 편'이긴 하지만, 평생 놀고 먹어도 될 정도의 돈을 준 것은 아니며, "내 **자식들은 자신이 있어야 할 곳을 스스로 개척해야 한다**"라며 자립심을 강조했다.

성공한 사람 중에는 자신이 보유한 주식을 자식들에게 상속하여, '세계 최고로 유복한 가족'을 목표로 하는 사람도 있지만, 워런 버핏에게 돈이란 사회로부터 잠시 맡아둔 것이므로 영원히 독점하면 안 된다고 생각했다.

돈은 영원히 독점하는 것이 아니다.

89 1%의 행운아로 살아간다
나머지 99%의 사람들을 위해 무슨 일을 할 수 있을지 생각할 의무가 있다

99%의 사람들에게 무엇을 해줄 수 있을지 생각한다

2011년, 미국 월스트리트를 중심으로 진행된 데모에서 나온 키워드 중 하나가 '1% 대 99%'였다. 이 세상에는 단 1%의 부유층과 99%의 불행한 나머지가 있다는 의미로, 폐쇄감과 분노로부터 나온 항의의 표현이다.

워런 버핏은 부모님으로부터 막대한 유산을 물려받지 않고 오롯이 자신의 투자 재능만으로 전 세계에서 열 손가락 안에 들어갈 만큼의 엄청난 자산을 이룩했다. 상위 1%를 뛰어넘어, '0점대 %'에 드는 부자이기 때문에 99%의 사람들이 볼 때는 항의의 대상이 될 수밖에 없다.

그러나 워런 버핏 자신은 '1% 대 99%' 식으로 볼 때 99%의 사람들을 위해 무슨 일이든 해야 한다고 생각하여, 빌 게이츠의 재단에 상당한 규모의 기부를 하고 있다. 그는 이런 발언을 한 적이 있다.

"1%의 행운아로 태어난 사람은 나머지 99%를 배려할 의무가 있다."

발전을 위한 대가가 있어선 안 된다

그리고 이렇게 말했다.

"다수의 미국인이 눈부신 발전을 이룩하는데 지불해야 할 대가로서 불우한 사람들이 극빈 생활을 해야 한다면, 이는 있어서는 안 될 일이다."

경제가 발전하면, 그 한편으로는 남겨지고 버려지는 사람이 생긴다. 워런 버핏은 이런 사람들이 온당한 생활을 보낼 수 있도록 안전망을 마련해야 한다고 주장한다. 그리고 세금 제도의 불공정함에 대해서도 역설하였다. 버핏은 가진 자의 의무를 자각하는 삶을 중시한다.

자신이 해야 할 의무를 자각하고 살아가야 한다.

90 신뢰는 돈 이상으로 소중하다
쌓아 올린 신뢰와 명성은 단 5분 만에 무너질 수도 있다

유명 기업도 불상사 하나로 위태로워진다

아무리 유명인이라도 스캔들 하나로 그 명성을 전부 잃을 수 있다. 우리는 유명한 대기업이 하나의 불상사가 화근이 되어 경영진이 사임에 몰리고 실적 부진에 빠지는 일을 많이 보았다.

워런 버핏의 명성은 오랜 시간에 걸쳐 쌓여왔다. 1968년, '포브스'가 '오마하는 어떻게 월스트리트에 승리하였나'라는 헤드라인으로 워런 버핏의 탁월한 실적을 칭찬하는 기사를 냈다. 워런 버핏은 투자업계에서 일약 유명인이 되었고, 워싱턴 포스트 및 살로몬 브라더스의 이사직이라는 명예도 얻었다.

그런 워런 버핏이 국채 부정 입찰로 존폐 위기에 몰린 살로몬 브라더스의 재건을 위해 임시회장에 취임했을 때, 만일 실패하면 다년간 구축한 명성이 땅에 떨어질 것이 뻔했다. 워런 버핏은 이렇게 말했다.

"명성을 쌓는 건 평생이 걸리지만, 무너지는 건 5분도 걸리지 않는다."

한 번 잃어버린 신뢰는 두 번 다시 돌아오지 않는다

워런 버핏은 평소에도 직원들에게 "가족이나 친구들이 읽는 조간신문의 1페이지에 실릴 만한 사건에 가담하는 게 과연 좋은지에 대해 생각해보라"라며, 금전적 손해 이상으로 명성을 소중히 여길 것을 당부한 바 있다.

잃어버린 돈을 되찾을 수는 있지만, 실추된 신뢰는 두 번 다시 되돌릴 수 없다. 워런 버핏에게 신뢰와 명성은 돈 이상으로 소중하며, 이를 자각하고 행동했기에 존경받는 부자가 될 수 있었다.

워런 버핏은 오랜 기간에 걸쳐 명성을 쌓아왔다

명성을 쌓는 데는 평생이 걸리지만, 무너지는 건 5분도 걸리지 않는다

워런 버핏에게 신뢰와 명성은 돈 이상으로 소중한 것이다

이를 자각하고 행동했기에 존경받는 부자가 될 수 있었다

돈 이상으로 신뢰와 명성을 소중히 여겨야 한다.

맺음말

자신의 가치를 높이려는 노력을 거듭하여 풍요로운 인생을 보내자

이 책을 읽고 워런 버핏에 대해 어떤 감상을 느꼈는가.

워런 버핏에 대해 말할 때는 아무래도 그가 번 돈과 1천억 달러를 호가하는 막대한 재산에 눈길이 가기 마련이다. 그 정도의 자산을 투자만으로 벌어들였다는 점 하나만으로도 대단하지만, '가격'보다 '가치'를 중시해야 한다는 것을 우리에게 인식시켜주었다는 점이 다년간 워런 버핏을 연구해온 내 개인적 감상이다.

워런 버핏은 6살 때부터 작은 비즈니스를 시작했고, 11살 때 처음으로 주식 투자를 하는 등, '돈을 늘리는데' 온 힘을 기울였고, 이와 동시에 어렸을 때부터 많은 독서를 통해 '좋은 습관'과 '원리 원칙'이 몸에 배도록 각고의 노력을 했다. 그리고 '능력 범위'에서 결코 벗어나지 않았던 것과 마찬가지로, 그러한 좋은 습관과 원리 원칙을 철저히 지켰다.

워런 버핏의 파트너인 찰리 멍거에 따르면, 성공한 사람이 주위로부터 질시나 원한을 사지 않으려면 '성공할 만한 가치가 있는 사람'이 되어야 한다. 워런 버핏은 오랜 시간에 걸쳐 '성공할 만한 가치가 있는 사람'이 되려는 노력을 아끼지 않았기 때문에, 막대한 부를 얻었을 뿐만 아니라 '오마하의 현인'으로 추앙받는 인물이 된 것이 아닐까?

워런 버핏의 투자 방식에서 눈여겨볼 부분은 그가 '가격'이 아닌 '가치'를 중시하였다는 점이며, 가격과 가치 사이에 간극이 크게 발생했을 때가 투자할 시점이라고 생각했다는 것이다.

'가격'은 주식 시장의 동향에 따라 변덕스럽게 오르락내리락하지만, '가치'는 아무리 시대가 변해도 흔들림 없이 유지된다는 사고방식이 그 배경에 있다.

요컨대, 기업 관점에서도 '가격'보다 '가치'가 중요하며, '가치'를 높이기 위한 노력을 거듭하는 기업이 마침내 이에 상응하는 '가격'에 도달하게 된다. 이는 워런 버핏의 삶과도 일맥상통한다.

워런 버핏은 어린 시절부터 '가격'을 올리기 위한 행동을 취했지만, 그 이상으로 '인간적인 가치'를 드높이는 노력도 게을리하지 않았다. 그 결과, 자신의 가치에 상응하는 '가격'을 손에 넣을 수 있었다.

'부자가 되고 싶다', '성공하고 싶다'라고 염원하는 사람은 많지만, 그들은 쉽고 편한 'How-to'에만 의존하고 자신을 인간적으로 절차탁마하려는 노력은 기울이지 않는다.

물론 그렇게 한다고 해서 모든 사람이 큰돈을 벌거나 대성공한다는 보장은 없지만, 가치를 높이려는 노력을 지속한다면 인간적이고 풍요로운 인생을 보낼 수 있다.

지금 우리가 워런 버핏으로부터 배워야 할 교훈은 '가치를 높이면 가격이 이를 따라온다'라는 인생관이다. 그리고 투자 시에는 매일매일 변동하는 주가에 연연하지 말고 '장기적인 관점으로 생각한다', '주가보다 기업 가치를 중시한다'라는 사고방식을 본받아야 한다.

90세를 넘은 지금도 워런 버핏의 일거수일투족은 항상 주목을 받는다.

워런 버핏이 어떤 기업에 투자할지, 어떤 기업의 주식을 매도할지도 많은 관심이 모이지만, 동시에 워런 버핏이라는 걸출한 인물의 인생관과 사고방식을 배워보는 것도 앞으로 자신의 인생을 생각하는데 큰 도움이 되지 않을까 한다.

  이 책이 여러분의 '풍요로운 인생을 보낸다'라는 목적에 부합하였다면 더 바랄 나위 없는 행복이다.
  또한, 이 책의 집필을 위해 수많은 워런 버핏에 관한 서적을 참고로 하고 인용하였다. 전부 읽을 가치가 있는 노작이라, 기회가 있다면 이들 또한 읽기 바란다.

경제 저널리스트
구와바라 데루야

부록

●

부록①
워런 버핏 투자 방식 – 포인트

부록②
워런 버핏의 일생

① 워런 버핏 투자 방식 - 포인트

서장 '오마하의 현인' 워런 버핏의 삶

01
하루라도 빨리 시작하는 것이 성공으로 가는 열쇠이다.

02
투자를 하려면 직접 번 돈으로 임해야 한다.

03
자신을 위해 일을 하고 돈을 버는 것이 가장 중요하다.

04
복리의 사고방식을 이해하는 것이 부자가 되는 지름길이다.

05
규칙은 충실하게 지키고 그 자세를 유지하는 것이 매우 중요하다.

06
다른 사람의 목소리가 아니라, 내 안의 목소리에 귀를 기울이자.

제1장 장기적인 관점을 기르는 방법

07
주식을 장기 보유하면서 기업의 성장을 장기적인 관점에서 지켜보자.

08
주가가 언제나 기업의 가치를 정확히 반영하는 것은 아니다.

09
진정으로 우수한 기업의 주식을 장기간 보유한다.

10
주가가 하락할 때마다 비관에 빠진다면, 투자에 적합한 성격이 아니다.

11
증권회사와 고객의 이익이 반드시 일치한다고 볼 수 없다.

12
'가격'보다 '가치'를 중요시해야 한다

13
눈에 보이지 않는 자산을 발견하고 장기적인 성장 가능성을 실감한다.

14
얼마만큼 변화에 잘 대응하는지가 기업의 가치를 결정한다.

15
주가보다 상품이 가진 가치와 수명을 따져보자.

16
진정한 우량 기업은 경영자와 상관없이 성장할 수 있다.

17
장기적인 관점에서 기업을 살필 때는 다른 사람들의 평가도 참고해야 한다.

18
주식을 영원히 보유한다는 생각으로 투자에 임하자.

제2장 손해를 막는 선택법

19
잘 알고 있는 것을 시간을 들여 조사하자.

20
'안전마진'을 고려하면 리스크를 줄일 수 있다.

21
잘 모르는 회사의 주식을 가져봤자 리스크를 확대할 뿐이다.

22
빚에 의존하면 언젠가 큰 구덩이에 빠진다.

23
투자를 검토할 때는 보이는 게 전부 옳다고 할 수 없다.

24
사업의 우수성을 간파하는 것이 성공의 비결이다.

25
투자 이후에도 좋은 기업인지 때때로 재점검한다.

26
투자로 성공하고 싶다면 합리적으로 행동하라.

27
잘 모르는 분야에 투자하는 것은 위험하다.

28
투자 기회를 놓쳤다 해도 진짜 손해가 아니다.

29
'잘 아는 것'이 투자의 기본이다.

30
투자 후에도 잘 문제가 발생하지 않는 '우수한 기업'에 투자한다.

31
어떠한 상황에서든 수요가 있는 제품은 리스크를 줄일 수 있다.

32
우수한 제품을 만드는 기업은 리스크를 줄일 수 있다.

33
큰 이익보다 확실성을 추구한다.

34
투자는 자기 책임이므로 납득한 후 진행해야 한다.

제3장 스스로 생각하는 습관을 들인다

35
'자신의 머리'로 생각하여 확신을 갖는다.

36
투자에 실패하더라도 손실을 보상해주는 사람은 없다.

37
투자는 스스로 생각해야만 성공에 이를 수 있다.

38
전문가에게 너무 의존하지 말고, 스스로 생각하여 납득한다.

39
'예측'보다 '기업의 장기적 가치'를 파악해야 한다.

40
정보의 진위 여부는 항상 자신의 머리로 따져봐야 한다.

41
확신이 들 때까지 조사하고 결단한다.

42
스스로 생각하고 분야가 아닌 기업을 찾아낸다.

43
기본을 지키면서 마지막에는 스스로 생각한다.

44
자신에게 이익이 되는 '좋은 기업'에 투자하자.

45
사실과 근거에 기반하여 낸 결론에 따라 판단한다.

제4장 타이밍이 중요하다

46
자신이 사고 싶은 주식이 나올 때까지 느긋하게 기다리자.

47
투자는 결단의 횟수보다 그 품질이 중요하다.

48
기회가 아직 오지 않았다면 굳이 행동할 필요는 없다.

49
매도 시점은 스스로 잘 생각하여 결정한다.

50
평소에 지식을 축적하면 망설이지 않고 판단할 수 있다.

51
투자의 타이밍은 자신의 눈으로 직접 보고 판단한다.

52
스스로 정한 방식을 자신이 할 수 있는 범위 내에서 착실히 해나간다.

53
위기에 처해도 냉정히 숙고하여 기회를 기다린다.

54
여유가 없으면 문제가 생겼을 때도 기회가 왔을 때도 대응할 수 없다.

55
기회가 올 때까지 기업을 계속 주시한다.

56
매매 시기는 시장이 아니라 자신이 정한다.

제5장 시장을 대하는 관점

57
다른 사람과 똑같은 행동을 해봤자 투자에 성공할 수는 없다.

58
언젠가는 분명 '무언가'가 벌어진다는 것을 각오해둔다.

59
쉬워 보이는 이야기일수록 더 위험하다.

60
시장은 기업에 어떤 가격을 매겼는지 확인하는 곳이다.

61
채무가 없고 여유 자금이 있다면 위기는 기회가 된다.

62
실패 원인은 투자자 자신의 문제다.

63
이익을 내더라도 자신의 공적이라고 여기지 말자.

64
어떤 상황에서든 냉정함을 잃지 말자.

65
인터넷의 강점과 약점을 이해하고 활용한다.

66
시장과 마주하는 방법은 실천을 통해 알 수 있다.

제6장 인간적이고 바람직한 습관을 들인다

67
좋은 습관을 빠른 시일 내에 몸에 익혀서 지켜야 한다.

68
평생 명석한 두뇌를 유지하려면 자신을 소중히 여겨야 한다.

69
자신을 갈고 닦는 것이 투자 성공으로 가는 지름길이다.

70
투자 이외에서도 '능력 범위'를 준수한다.

71
중요하지 않은 일에 시간을 허비하지 말자.

72
자신에게 정직히 살면 평판을 지킬 수 있다.

73
스스로 잘 이해하고 있지 않다면 전달하기 어렵다.

74
탐욕을 부리지 말고 자제심을 가지면 더 큰 이익을 얻을 수 있다.

75
인내심과 냉정함은 투자 성공에 필수다.

제7장 다른 사람과 어울리는 법

76
존경할 만한 인물 밑에서 일하자.

77
나보다 훌륭한 사람은 나를 발전시켜준다.

78
자신의 가치를 알아주는 사람과 거래하라.

79
자신보다 큰 사람과 함께 일하면 성장할 수 있다.

80
뛰어난 사람은 나이가 들어도 능력이 떨어지지 않는다.

81
사람을 신중히 선택하여 인생을 가치 있게 만든다.

82
불필요한 싸움과 논쟁에 끼어들지 않는다.

83
행복한 부자가 되려면 '사랑'이 필요하다.

제8장 보다 행복한 인생을 보내기 위한 철학

84
시간이 걸리더라도 확실히 그리고 오랫동안 부자로 살아간다.

85
존경받는 부자가 되려면 좋은 가치관과 습관을 함양해야 한다.

86
주위 사람들에 대한 감사와 고마움을 갖는다.

87
사생활에서든 경영이든 '근검절약'을 위해 노력한다.

88
돈은 영원히 독점하는 것이 아니다.

89
자신이 해야 할 의무를 자각하고 살아가야 한다.

90
돈 이상으로 신뢰와 명성을 소중히 여겨야 한다.

② 워런 버핏의 인생

연도	생긴 일
1929년	10월 24일, 대공황 발생하다.
1930년	8월 30일, 네브라스카주 오마하에서 하워드(父)와 레이라(母) 사이에서 출생하다.
1931년	아버지가 하워드 증권회사를 설립하다.
1936년	콜라와 껌을 팔면서 작은 비즈니스를 시작하다.
1941년	《1천 달러를 버는 1천 가지 방법》을 애독하다. 누나인 도리스와 함께 처음으로 주식(시티 서비스)를 구입하다.
1942년	아버지가 하원의원에 당선되어 워싱턴 DC로 이사하였으나 적응하지 못하고, 할아버지 집에서 오마하의 중학교에 2학년까지 통학하다.
1943년	워싱턴 포스트 등의 신문 배달 아르바이트를 시작, 처음으로 소득세를 신고하다.
1944년	1,200달러로 땅을 구입하다.
1945년	농지를 사들여 농업 비즈니스를 개시하다.
1947년	친구와 미용실에서 핀볼을 구입하여, 미용실을 타겟으로 렌탈 비즈니스를 개시하다. 펜실베니아대학교 와튼스쿨에 입학하나, 2학년 때 중퇴하고 네브라스카대학에 편입하다.
1949년	후에 은사가 되는 벤저민 그레이엄의 저서 《현명한 투자자》를 읽다.

연도	생긴 일
1950년	네브라스카대학을 졸업하고, 하버드대학에 입학 신청을 냈지만 거절당하다.
	컬럼비아대학원에 진학하여 그레이엄의 지도를 받다.
	후에 아내가 되는 수잔 톰슨을 처음 만나다.
1951년	보험사인 가이코를 방문하여 데이비슨을 처음 만나다.
	손해보험회사 가이코의 주식을 1만 달러분 구입하다.
	컬럼비아대학원을 졸업하고 석사 학위를 취득하다.
	오마하로 돌아와 아버지의 증권사에 취업하다.
1952년	수잔 톰슨과 결혼, 장녀 앨리스가 태어나다.
1954년	그레이엄의 요청으로 그의 회사인 '그레이엄-뉴먼'에 입사하다.
	장남 하워드가 태어나다.
1956년	그레이엄 임원에서 물러나고, 회사도 폐업하다.
	오마하로 돌아와, 10만 5,000달러의 자본금으로 '버핏 어소시에이츠(Buffett Associates)' 설립하다.
1959년	친구의 소개로 찰리 멍거를 처음 만나다.
1961년	회사를 '버핏 파트너십(Buffett Partnership)'으로 통합하다.
	개인 자산이 1백만 달러를 넘어서다.
1962년	파트너십을 재편하다.
	버크셔 해서웨이의 주식 매입을 개시하다.
1963년	버크셔 해서웨이의 필두 주주가 되다.
	샐러드 오일 사건이 발생하면서 아메리칸 익스프레스의 주가가 폭락하다.

연도	생긴 일
1964년	아메리칸 익스프레스의 자회사가 도산 위기에 몰렸으나, 오히려 주식을 매입하다.
	프레셔(Pressure) 이론을 접하다.
1965년	버크셔 해서웨이의 회장에 취임, 켄 체이스(Ken Chase)를 사장으로 임명하다.
	월트 디즈니를 만나, 디즈니의 주식을 매입하다.
	버크셔 해서웨이의 지분 49%를 보유하다.
1966년	아메리칸 익스프레스의 주식을 매각하여, 2,000만 달러의 이익을 내다.
1969년	버크셔 해서웨이의 지분 29%를 보유하다.
	'버핏 파트너십'을 해산, 버크셔 해서웨이의 회장직에 전념하다.
	개인 자산이 2,500만 달러를 넘어서다.
1971년	피셔 이론을 접하다.
	멍거와 함께 시즈 캔디즈의 이사직에 취임하다.
1973년	워싱턴 포스트의 주식을 매입하다.
1974년	워싱턴 포스트와 그 기관지를 발행하는 캐서린 그레이엄과 친분을 맺고, 워싱턴 포스트의 사외이사직에 취임하다.
1976년	적자가 난 가이코의 재건에 협력하고, 400만 달러를 투자하다.
1977년	육아를 마치고, 이혼은 하지 않은 채 아내와 별거하다.
	버팔로 이브닝 뉴스를 인수하였으나, 경쟁사인 크리에 익스프레스로부터 반독점법에 저촉된다며 소송에 휘말리다.
1979년	멍거가 버크셔 해서웨이의 부회장으로 취임하다.
1983년	블루 칩 스탬프(Blue Chip Stamps)를 완전 자회사로 만들다.

연도	생긴 일
1985년	섬유 산업의 부진으로, 버크셔 해서웨이가 섬유 사업에서 전면 철수하다.
1987년	살로몬 브라더스의 주식을 7억 달러분 매입, 멍거와 함께 이사회에 들어가다.
	10월 19일, 블랙 먼데이로 시장이 대폭락하다.
1988년	코카 콜라의 주식을 매입하다.
1990년	웰스 파고 은행의 주식을 매입하다.
1991년	살로몬 브라더스의 위법 행위가 적발, 이후 임시회장을 맡아 문제 해결에 나서다.
1996년	맥도널드의 주식을 매입하다.
	가이코를 완전 자회사로 만들다.
	버크셔 해서웨이 클래스 B 주식을 발행하다.
1997년	맥도널드의 주식을 매각하다.
1998년	1온스 4.6~4.8달러로 약 1억 3천만 온스의 은을 투자 목적으로 구입하다.
1999년	IT 거품 경제가 시작되다.
	월트 디즈니 주식을 매각하다.
2000년	IT 거품이 꺼지다.
2004년	아내인 수잔이 사망, 그녀의 개인 자산이었던 26억 달러 상당의 토지를 버핏 재단에 기부하다.

연도	생긴 일
2006년	은을 매각하다. 빌 게이츠의 자선 단체에 총 자산 중 85%를 기부할 것을 발표하다. 1978년부터 동거했던 아스트리드 멘크스(Astrid Menks, 1946~)와 재혼
2008년	경제지 '포브스'가 발표한 세계 부자 순위에서 1위를 차지하다.
2010년	빌 게이츠와 '기빙 플레지(The Giving Pledge, 생전 또는 사후에 재산의 절반 이상을 기부한다고 공개적으로 약속하는 자선 캠페인, 2024년 현재 회원 수는 245명)'라는 기부 장려 활동을 본격적으로 개시하다.
2011년	워싱턴 포스트의 이사에서 물러나다. IBM의 주식을 매입하다. 일본을 처음 방문하다.
2012년	버크셔 해서웨이의 후계자가 결정되었음을 주주들에게 공표, 이후 그렉 아벨이 CEO에 취임한다고 발표하다. 전립선암 투병을 발표하다.
2016년	애플의 주식을 매입하다.
2020년	미츠비시상사, 미츠이물산, 스미토모상사, 이토츄상사, 마루베니의 주식을 5%씩 매입하다.
2023년	오랫동안 버크셔 해서웨이의 부회장을 역임한 멍거가 서거하다.

참고문헌

◆ 《워런 버핏 공식 전기 스노볼 1/2권》, 앨리스 슈뢰더 지음, 이경식 옮김, 알에이치코리아, 2021
◆ 《워런 버핏, 부의 진실을 말하다》, 재닛 로우 지음, 김기준 옮김, 크레듀, 2008
◆ 《워런 버핏의 주주 서한~ 제4판, 제5판》, 워런 버핏·로렌스 커닝햄 지음, 이건 옮김, 에프엔미디어, 2022
◆ 《워런 버핏의 투자 격언》, 자넷 로우 지음, 이순주 옮김, 세종서적, 1997
◆ 《찰리 멍거 자네가 옳아》, 재닛 로우 지음, 조성숙 옮김, 이콘, 2017
◆ 《버핏 21세기 위대한 투자 신화의 탄생》, 로저 로웬슈타인 지음, 김기준 옮김, 리더스북, 2009
◆ 《워런 버핏이 선택한 CEO들》, 로버트 P. 마일스 지음, 권루시안 옮김, 국일증권경제연구소, 2003
◆ 《현명한 투자자》, 벤저민 그레이엄 지음, 이성민 옮김, 국일증권경제연구소, 2025
◆ 《위대한 기업에 투자하라-개정판》, 필립 A 피셔 지음, 박정태 옮김, 굿모닝북스, 2025

◆《ウォーレン・バフェット 華麗なる流儀 現代版 カサンドラの運命を変えた日》(ジャネット・タバコリ著、牧野洋訳 / 東洋経済新報社)
◆《バフェット＆ゲイツ 後輩と語る学生からの21の質問》(センゲージラーニング編 / 同友館)
◆《バフェットの株主総会》(ジェフ・マシューズ著, 黒輪篤嗣訳 / エクスナレッジ)
◆《バフェット合衆国-世界最強企業バークシャー・ハサウェイの舞台裏》(ロナルド・W・チャン著, 船木麻里訳 / パンローリング)
◆《ウォーレン・バフェット成功の名語録》(桑原晃弥著 / ＰＨＰ研究所)
◆ 週刊投資金融情報紙〈日経ヴェリタス〉第194号

3시간 만에 만화로 마스터할 수 있는 책
워런 버핏 투자 방식

지은이 구와바라 데루야
만　화 베지코
옮긴이 강모희

1판1쇄 발행_ 2025년 10월 29일

책임편집 최상아
북코디 밥숟갈(최수영)
편집&교정교열 주항아 최진영
표지-본문디자인 공간42
마케팅 김낙현

발행인 최봉규
발행처 지상사(청홍)
등록번호 제2017-000075호
등록일자 2002년 8월 23일
주소 서울특별시 용산구 효창원로64길 6(효창동) 일진빌딩 2층
우편번호 04317
전화번호 02)3453-6111　팩시밀리 02)3452-1440
홈페이지 www.jisangsa.com
이메일 c0583@naver.com
한국어판 출판권 ⓒ 지상사(청홍), 2025
ISBN 978-89-6502-357-9　(03320)

잘못 만들어진 책은 구입처에서 교환해 드리며, 책값은 뒤표지에 있습니다.